Edward T. BENNETT

LA SOCIÉTÉ ANGLO-AMÉRICAINE

POUR

LES RECHERCHES PSYCHIQUES

Son Origine, ses Progrès
Aperçu de son Œuvre

Traduction et Introduction de
M. SAGE

PARIS

LUCIEN BODIN, LIBRAIRE-ÉDITEUR

5, RUE CHRISTINE (6ᵉ)

MCMIV

LA SOCIÉTÉ ANGLO-AMÉRICAINE

POUR

LES RECHERCHES PSYCHIQUES

Edward T. BENNETT

LA SOCIÉTÉ ANGLO-AMÉRICAINE

POUR

LES RECHERCHES PSYCHIQUES

Son Origine, ses Progrès
Aperçu de son Œuvre

Traduction et Introduction de
M. SAGE

PARIS

LUCIEN BODIN, LIBRAIRE-ÉDITEUR

5, RUE CHRISTINE (6ᵉ)

MCMIV

INTRODUCTION

URGENTE NÉCESSITÉ EN FRANCE D'UNE SOCIÉTÉ
D'ÉTUDES PSYCHIQUES

On m'a rapporté un propos tenu par M. Pierre Janet. Je n'en puis garantir l'authenticité, ne l'ayant pas entendu de mes propres oreilles. Mais c'est bien là, ou je me trompe fort, le sentiment de ce grand petit homme. Il aurait donc dit, en parlant de la Société anglo-américaine pour les recherches psychiques : « Quand Myers voulut fonder sa Société, il me proposa de me joindre à lui en qualité de collaborateur actif. Je refusai, sachant d'avance qu'ils ne réussiraient pas ; et, en effet, ils n'ont pas réussi. » Ce propos prouverait que M. Janet ne s'est pas tenu très au courant des travaux de cette Société. Herbert Spencer a dit quelque part qu'ayant entrepris la lecture de Kant, il l'avait bientôt abandonnée, convaincu qu'elle ne pouvait lui servir à rien. S'autorisant d'un exemple venu de si haut, Pierre Janet a dû agir de même. Il avoue du reste l'avoir fait en un cas analogue : il n'a pas lu Karl du Prel, convaincu que cette lecture ne lui servirait à rien.

C'est pourquoi M. Pierre Janet voudra bien ne pas s'offenser si d'autres, qui ont aussi de la matière grise de bonne qualité sous la boîte crânienne, pensent tout autrement que lui au sujet de cette Société. Elle a posé nettement — je ne dis pas résolu, mais posé — les problèmes les plus troublants, les questions les plus vitales pour l'homme. Maintenant il faudra que ces problèmes soient résolus, que ces questions obtiennent une réponse : tout le mauvais vouloir de tous les Janet n'y fera rien.

C'est que cet homme est bien résolument notre adversaire, d'autant plus que des collègues mal intentionnés l'ont accusé — et l'accusent peut-être encore — d'avoir presque côtoyé le psychisme. Vous ne voyez peut-être pas, mon lecteur, toute la gravité de cette accusation. Imaginez-vous qu'au temps de Torquemada, un brave docteur de Tolède ou de Salamanque ait été accusé d'avoir côtoyé, dans ses enseignements, les doctrines de Moïse ou de Mahomet : le pauvre homme aurait vu sa carrière bien compromise, si par bonheur il avait réussi à éviter les feux de l'inquisition. — Nous n'en sommes plus à ces temps barbares — Erreur, erreur, mon lecteur, nous y sommes toujours.

Vous dire que je ne connais pas personnellement M. Pierre Janet ne vous surprendra pas. Un jour j'eus la curiosité de le voir. Quand le nom d'un homme ou d'un lieu est dans beaucoup de bouches, un désir nous prend de voir cet homme ou ce lieu : il nous semble qu'après avoir vu nous comprendrons mieux ; et ce n'est pas tout à fait une illusion ; un coup d'œil nous en dit souvent plus que des semaines de réflexion. J'allai donc au collège de France. La salle était comble, mais le maître n'était pas encore là. Soudain une étroite porte s'ouvrit ;

un petit homme brun parut et, le seuil à peine franchi, se mit à parler comme une fontaine coule. Il nous entretint, en se promenant, des névroses et des idées fixes et nous dit des choses intéressantes, certainement. Cela dura une heure ; puis tout à coup la voix se tut ; pendant une demi-seconde je détournai la tête et quand je regardai de nouveau vers la chaire, il n'y avait plus personne. Envolé, le maitre ! Cette manière d'apparaître et de disparaître en météore me fit une impression grande et m'expliqua bien des choses. Avoir une trop haute opinion de soi, voyez-vous, mes enfants, cela correspond les trois quarts du temps à se mettre un bandeau sur les yeux.

La Société pour les recherches psychiques a donc fait beaucoup de besogne, et de la meilleure : cette petite brochure vous en donnera une idée. Et il est infiniment regrettable que d'autres sociétés du même genre ne s'organisent pas un peu partout. Je voudrais en quelques mots en montrer la nécessité. Mais il faudrait que ces sociétés fussent organisées et dirigées par des hommes rompus aux méthodes scientifiques modernes, aussi éloignés de la sotte crédulité des uns que du conservatisme non moins sot des autres ; par des hommes insoucieux des compromissions, laissant les chiens hurler tout leur soûl, des hommes au cœur plus large encore que la tête.

Et d'abord ils chercheraient à faire rentrer dans l'ombre toutes ces superstitions comme le kardécisme, l'occultisme, où des bandits malins s'embusquent comme des araignées dans leur toile, pour attendre les naïfs et les détrousser. — Alors vous croyez que tout est faux dans ces doctrines? — Non, non ; elles contiennent peut-être une bonne part de vérité. Mais cette vérité ne fait que les rendre plus dangereuses entre certaines mains.

Tous les hommes intelligents et sincères qui se sont occupés des phénomènes psychiques ont été sévères pour les spirites. Et je ne sais pas pourquoi Maxwell, dans son livre excellent et courageux, voit en eux quelque chose comme des rénovateurs religieux et sociaux, leur augurant le plus brillant avenir : il a dû être singulièrement favorisé pendant ses investigations. Du reste je crois qu'il donne à ces vocables *spirites* et *spiritisme* un sens trop étendu : il semble entendre par là l'ensemble de ceux qui admettent comme possibles et la survie et une intercommunation, par lueurs troubles, fugitives et rares, entre ceux d'ici et ceux de l'Au-delà. A ce compte, lui et moi nous serions des spirites ; quant à moi je décline l'honneur. William Crookes, dont les spirites aiment pourtant à se réclamer, a dit d'eux qu'ils n'avaient pas plus de logique que des chiens : le mot n'est pas poli, mais il est juste. Karl du Prel, qui cependant faisait fond un peu trop facilement sur les histoires trouvées dans les vieux livres, déclare le spiritisme moderne un véritable scandale. Podmore, dans toute l'immense littérature du spiritisme, ne trouve pas la relation d'une seule observation, d'une seule expérience qui puisse pleinement satisfaire un esprit critique. Myers, qui cependant ne voyait pas volontiers le mal chez les autres, s'exprime ainsi : (1) « C'est presque avec répugnance que dans le présent ouvrage je parle de la possession. Bien humiliante est la confession qui s'impose de la fraude et de la folie qui ont fait du spiritualisme moderne un objet de risée dans les

_____

(1) *Human personality*, vol. II p. 206.

milieux scientifiques ; de sorte que des hommes qui ont eu les premiers une perception au moins vague de vérités de la plus haute importance sont considérés comme de naïves victimes d'une classe d'imposteurs particulièrement répugnante... Il n'y a pas en tout jusqu'aujourd'hui cent hommes d'une éducation scientifique réelle qui aient fait des phénomènes de l'hypnotisme la préoccupation principale de leur vie intellectuelle ; si nous passons aux phénomènes du spiritualisme, nous n'en trouverons pas cinquante. Cela explique pourquoi nous progressons si lentement en ces difficiles matières. En dehors d'un très petit nombre de chercheurs, les spirites ressemblent bien à ces personnes charitables mais sans jugement qui, aux jours où la charité publique n'était pas encore organisée, ne faisaient par leur dons qu'encourager l'imposture et attirer le mépris sur toute philanthropie. Les premiers organisateurs de la charité se trouvèrent en présence d'une tâche pénible : ils eurent à réprimer alors qu'ils auraient surtout voulu stimuler ; à jouer le rôle d'agents de la sûreté, alors qu'ils auraient voulu ne jouer que celui de bienfaiteurs ; à juger sévèrement parfois des hommes dont les intentions étaient très pures. Mais il fallut faire cette œuvre préliminaire d'assainissement, avant que le public pût aider les malheureux sans entretenir la bande des imposteurs. Il n'en va pas autrement pour le spiritisme, mais, hélas ! l'heure de l'organisation n'a pas encore sonné. »

Le grand prophète des spirites de France et même de l'Europe continentale et de l'Amérique du Sud, est Allan Kardec. Ce fut un homme étrange, un bizarre assemblage de contradictions. Il a dit : « Le spiritisme sera scientifique ou il ne sera pas » ; il a, dans ses préfaces, exposé

1.

des méthodes très sensées. Mais tout cela était pour la
façade, et, au fond, Allan Kardec était d'une phénomé-
nale crédulité : il gobait tout. Ceci n'apparaît pas dans
ses livres, malheureusement ; mais on s'en aperçoit, en
feuilletant les numéros de la *Revue Spirite* qui parurent
de son vivant. J'en pourrais citer de nombreux exemples,
que celui-ci suffise. Vers 1860, mourut un M. Jobard, qui
avait été, paraît-il, un homme influent dans les milieux
spirites. Aussitôt on l'évoque de tous les côtés, et il vient,
quoique d'assez méchante humeur parfois contre les
importuns. Il tient de longs discours, explique tout ce
qu'on veut, On envoie tout cela au maître, qui insère
dans ses colonnes sans sourciller. Voici un fragment
d'une de ces évocations qui eut lieu à Passy, le 20 décembre 1861 ; médium, Mme Dozon (1) ;

« *Evocation*. — R. Je ne sais pourquoi vous m'évo-
quez ; je ne vous suis rien et, dès lors, je ne vous dois
rien ; aussi ne vous répondrais-je pas, sans l'Esprit de
vérité qui me dit que c'est Kardec qui vous a demandé de
me faire venir vers vous. Eh bien ! me voilà ! Que dois-je
vous dire ? — M. Allan Kardec nous a en effet priés de
vous évoquer dans le but d'avoir un contrôle des diverses
communications obtenues de vous en les comparant entre
elles ; c'est une étude et nous espérons que vous voudrez
bien vous y prêter, dans l'intérêt de la science spirite,
en nous décrivant votre situation et vos impressions depuis que vous avez quitté la terre. — R. Je n'étais pas en
tout dans le vrai pendant ma vie terrestre ; je commence
à le savoir ; mes idées, en s'épurant du trouble (*sic*)
arrivent à une clarté nouvelle, et, dès lors, je reviens des

(1) *Revue Spirite*, mars 1862, p. 77.

erreurs de mes croyances. Cela est une grâce de la bonté
de Dieu, mais elle est un peu tardive. M. Allan Kardec
n'avait pas pour mon esprit une totale sympathie, et cela
devait être : il est positif dans sa foi ; moi je rêvais et
cherchais souvent à côté de la réalité... Le plus éclairé
des spirites me leva le voile de la vie et des Esprits. Ce
fut la VÉRITÉ qui l'inspira. Le *Livre des Esprits* me fit un
bien impossible à dire ; mais il y a eu en mon esprit des
doutes sur plusieurs choses qui se montrent à moi
aujourd'hui sous un tout autre jour. »

Arrêtons-nous là ; cela suffit pour montrer la valeur
et le ton de ces prétendues communications qui sont parfois interminables. Toutefois, je tiens à ramasser une
bien jolie perle qui se trouve dans le même numéro de
la *Revue Spirite*. Il était question de statufier ou tout au
moins de bustifier le grand M. Jobard. On ne s'entendait
pas : quelques-uns trouvaient l'argent mal employé.
Allan Kardec, pour mettre tout le monde d'accord, consulta M. Jobard par l'un de ses nombreux médiums ;
c'était, en effet, ce qu'il y avait de plus simple à faire ;
et M. Jobard répondit : « Certainement, mais j'ai réfléchi :
vous voulez savoir si j'aime les statues ; donnez d'abord
votre argent aux malheureux, et si, par hasard, dans
les coutures de votre gousset se sont arrêtées quelques
pièces de 5 francs, faites ériger une statue, cela fera
toujours vivre un artiste. » Noble M. Jobard !

Nous sommes loin, on le voit, des communications
fragmentaires, oniriques, incertaines, obtenues par l'intermédiaire d'une Mme Piper, par exemple. En ces
temps heureux on se parlait plus facilement d'un monde
à l'autre, qu'on ne se parle ici bas d'une chambre à l'autre. Les choses n'ont pas changé dans les milieux spi-

rites : il suffit d'y pénétrer une fois pour s'en rendre
compte. Le malheur est que, dans tout cela, il n'y a que
fourberie et bêtise à faire pleurer. Dans des milieux .
pareils la fraude seule a des chances de prospérer. Je
suis persuadé que si des phénomènes authentiques s'y
sont jamais produits, ils ont dû être écartés comme apo-
cryphes : le monde des imbéciles est un monde renversé.

Mais beaucoup penseront : si Allan Kardec était
l'homme que vous dites, comment a-t-il pu écrire les
livres que nous connaissons, auxquels on ne saurait refuser de la clarté et de l'ordre, tout au moins ? — Mon Dieu,
une certaine clarté de la pensée, une certaine habileté
d'écrivain, et même une certaine logique apparente s'al-
lient beaucoup plus souvent qu'on ne pense, chez le même
homme, avec une incroyable naïveté. Dans l'incohérence
des prétendus messages et communications qu'il recevait
de ses soi-disant médiums ou qu'on lui faisait parvenir
charitablement de tous les côtés, M. Allan Kardec prenait ce qui cadrait avec ses propres conceptions et négli-
geait le reste. D'ailleurs, il n'aimait pas la contradiction.
Ses livres représentent donc ce qu'aurait été le Cosmos,
si celui-ci avait eu pour créateur M. Allan Kardec âgé de
50 ans ; ils ne représentent pas autre chose.

Mais, une fois parus, ces livres ont joué le rôle d'une
bible nouvelle. Ils ont fixé les conceptions des spirites. Il
ne s'est plus agi que de corroborer leurs dires et de les
commenter : la lettre imprimée a une puissance magique
sur l'esprit des simples et même sur l'esprit de ceux qui
ne sont simples qu'à demi. Et depuis cette époque les médiums de France, de l'Europe continentale et du Sud-
Amérique nous récitent des versets d'Allan Kardec plus
ou moins modifiés dans les termes : ce n'est plus que vie

dans l'espace, réincarnation, erraticité, toute la lyre. Les
uns récitent ces versets consciemment, après quelques
grimaces simulées, pour y gagner argent et honneur ;
d'autres les récitent subconsciemment : mais le résultat
est le même.

Toutefois il ne faudrait pas croire que les spirites ont
monopolisé la sottise à leur profit. Ce serait une erreur
grande : il en reste pour des milieux où le public s'obstine
à ne vouloir voir que lumières, loyauté, indépendance
d'esprit. On comprend que je veux parler des Académies,
instituts, sociétés soi-disant savantes, Sorbonnes et tout
ce qui en dépend ou en descend. Ces milieux sont peuplés
d'esprits de second ou de troisième ordre qui ne brillent
que de la lumière d'autrui. Ils se sont installés dans la
pensée d'hommes véritablement grands, mais morts et
enterrés, partant ne pouvant plus gêner ; là, comme ils
sont petits, ils peuvent se mouvoir à l'aise : cette pensée
est pour eux un univers dont ils n'atteindront jamais les
limites pour regarder au delà. Aussi, quelle haine ils
vouent aux esprits originaux et novateurs ! Ceux-ci les
blessent de toutes manières : ils leur font injure, en leur
donnant à comprendre que la vérité entière et absolue
pourrait bien n'être pas entre leurs mains ; ensuite ces
mêmes esprits novateurs les empêchent de s'abandonner
à la léthargie intellectuelle, d'en imposer et de digérer à
l'aise. Les spirites vous condament au nom d'Allan Kardec ; les petits esprits dont nous parlons ici vous con-
damnent au nom de Darwin, de Claude Bernard, d'Herbert
Spencer ou de quelque autre : le résultat est identique.
Quant aux corps savants proprement dits, ce ne sont les
trois quarts du temps que des parlottes de vieillards.

Quels étranges contradictions il y a dans l'humanité !

On veut progresser et on abhorre d'instinct le progrès. Il y a quelques vingt ans, quand la bicyclette fit son apparition première dans nos villages, rien ne peut donner une idée des colères que la petite machine innocente soulevait : les femmes sortaient en coup de vent de leurs chaumières pour vous vomir à la tête ce que leur vocabulaire contenait de plus ordurier. Le sentiment est le même, quoique exprimé en termes plus choisis, dans les Académies vis-à-vis de toute découverte et de toute idée vraiment neuve et révolutionnaire. — Mais non, dira-t-on, vous exagérez ; il en a été ainsi ; mais il n'en est plus ainsi. Voyez ce qui vient de se passer pour Rœntgen et les époux Curie, par exemple. — Rœntgen et les époux Curie étaient des savants officiels, ce qui est un grand point. Leurs découvertes étaient préparées depuis longtemps. La foule des savants de second ordre ne s'est pas rendue compte encore à quel point ces découvertes sont révolutionnaires. Enfin, c'est la grande presse qui a imposé Rœntgen ainsi que Mme et M. Curie. Le radium a été découvert en 1897, et nul n'en disait mot, quand enfin une impulsion, venue d'Amérique, je crois, a ébranlé le grand public. Souvenez-vous donc des luttes que Pasteur eut à soutenir, de l'entêtement d'un homme comme Liebig. Et le grand Liébault, qui vient de mourir, n'avait-il pas l'habitude de dire, en montrant la maisonnette qu'il habitait : « Je l'ai bâtie avec les pierres que mes confrères ont jetées dans mon jardin ! »

Et quand par hasard on discute sur ces terribles nouveautés dans les Académies, rien n'égale la sottise des raisons qu'on met en avant, parfois, pour les combattre. Si le public les entendait, ces raisons, je crois qu'il finirait par guérir de son fétichisme. J'en vais donner quelques exemples

empruntés à la discussion qui précéda, en 1825 la nomination de la seconde commission pour l'examen du magnétisme animal. Cette discussion nous intéresse particulièrement parce que, si aujourd'hui par impossible
quelqu'un demandait à une Académie la nomination d'une
commission pour l'examen des phénomènes psychiques,
les mêmes discours seraient prononcés et les mêmes raisons seraient données pour s'y opposer. Pour ma part
j'en fais la gageure : il n'y aurait de changé que certains
noms propres. M. *Desgenettes* rappelle cette opinion de
Thouret que le magnétisme n'est en tout qu'une jonglerie;
il rejette comme suspects les travaux entrepris en Allemagne sur le magnétisme, parce que c'est de ce pays que
nous sont venues les théories de Boerhave, de Kant, les
guérisons du prince de Hohenlohe etc. M. *Double* se
plaint de ce que le rapport de la Commission n'étant d'un
bout à l'autre que l'apologie du magnétisme, elle n'a pas,
dans cette occasion, rempli le mandat que l'Académie lui
avait confié. On cite l'exemple de l'Allemagne ; que ne
cite-t-on aussi celui de l'Angleterre qui a dédaigné jusqu'à présent de s'occuper de magnétisme ? M. *Double* a
étudié personnellement la question, et il est bien sûr que
tout, dans ce qu'on en raconte, n'est qu'illusion ou décep-
tion, M. *Rochoux* affirme que le magnétisme animal,
réduit à sa plus simple expression, n'offre rien qui mérite
examen. M. *Nacquart* s'attache à prouver que le magnétisme ne doit pas être examiné, parce que dans l'état
actuel de nos connaissances, on ne saurait avoir prise sur
lui ; il le met en regard des sciences physiques et des
sciences organiques. M. *Récamier* n'a jamais songé à
nier certains faits ; il croit à une action. Mais il ne pense
pas qu'on puisse en tirer parti en médecine. Entre autres

exemples M. Récamier donne celui-ci : « Tandis qu'on proclamait la guérison de Mlle Samson qu'on magnétisait à l'Hôtel-Dieu, elle me faisait demander de rentrer dans les salles, où elle mourut d'une maladie jugée incurable par tous les hommes de l'art. » Or, Mlle Samson fut présentée le 29 décembre 1826, c'est-à-dire six ans après sa mort prétendue, à la Commission du magnétisme enfin nommée. Que dites-vous de la véracité de M. Récamier ou de son sérieux scientifique ? M. *Georget* est un ironiste impitoyable. Il croit à l'existence du magnétisme et en donne de bonnes raisons ; mais il vote contre la nomination de la Commission, « parce que les phénomènes du somnambulisme demandent, pour être saisis, une attention soutenue, un zèle, et même un dévouement qu'on ne peut pas espérer de trouver en une commission quelconque. » M. *Gasc* prétend que nommer une commission, ce serait abandonner le terrain du doute ; que consentir à examiner serait déjà une présomption en faveur de la doctrine des magnétiseurs. Il va sans dire que des paroles sensées furent prononcées aussi, puisque la fameuse Commission fut enfin nommée à une majorité de dix voix. Six ans après environ, elle présenta son rapport par la plume et la bouche de M. Husson, qui concluait nettement à la réalité du magnétisme.

Un membre ayant demandé l'impression de ce rapport, M. *Castel* s'y opposa avec force, disant que si la plupart des faits qu'on avait annoncés étaient réels, *ils détruiraient la moitié des connaissances physiologiques ; qu'il serait donc dangereux de propager ces faits au moyen de l'impression.*

Or, c'est dans ces corps savants et ces académies dont l'esprit n'a varié en rien, quoi qu'on en dise, qu'un jeune

Russe, il y a trois ou quatre ans, voulut aller chercher des hommes pour étudier les phénomènes psychiques. M. Youriévitch est fort inexpérimenté encore et son état d'âme est celui d'un élève de rhétorique qui admirerait bien son professeur. J'ai suivi cette expérience avec un vif intérêt. Je me disais : « Si vraiment M. Youriévitch réalise ce prodige, qui n'a jamais été réalisé nulle part encore, d'amener les representants des idées anciennes à examiner et même à défendre les idées nouvelles, c'est que l'humanité a beaucoup progressé en ces derniers temps. Nous pourrons alors concevoir tous les espoirs, celui, par exemple, de résoudre la question sociale en faisant appel à la raison des hommes. » Mais, hélas! M. Youriévitch a abouti là où il devait fatalement aboutir, à un échec complet, bien que je ne sois pas sûr qu'il s'en rende bien compte même aujourd'hui. Dès le début, il rencontra, pour constituer son Institut, des difficultés très grandes, dont il espéra triompher par des moyens diplomatiques. On débarqua vilainement les psychistes auxquels on avait fait appel avant tous les autres ; puis il fallut débarquer même les hypnotiseurs de l'école de Nancy, en la personne de Liégeois ; puis les mots *psychique* et *psychisme* durent disparaître du bulletin. Quand enfin il ne resta plus que les purs des purs, académiciens et académisables, chacun essaya de tirer la couverture à soi. Janet fonda une Société de psychologie avec l'arrière-pensée mal déguisée qu'elle finirait par supplanter tout le reste. « Le moment est propice, disait-il, puisqu'on nous offre ce qui nous a toujours manqué jusqu'aujourd'hui, de l'argent. »

Mais M. Youriévitch s'entêtait dans l'idée de faire rentrer le psychisme dans son établissement au moins par

une porte dérobée. Nouveaux tiraillements, qui devaient plus tard aboutir à la retraite de Janet et de ses disciples et à ce fait paradoxal : la fondation par Janet et Dumas d'un nouveau journal de psychologie où jusqu'ici on s'occupe beaucoup de psychisme, pour critiquer sans doute, mais je ne suis pas de ceux qui font fi de la critique.

Cependant, M. Youriévitch trouva moyen de former un comité de 7 ou 8 membres pour l'examen des phénomènes psychiques. Il n'y avait qu'un malheur, c'est que ces hommes étaient d'une incompétence totale. Ce sont des chimistes, des électriciens, des physiciens de haute valeur. Mais, en fait de magnétisme, et à plus forte raison de psychisme, ils savent tout jute ce que peuvent apprendre quelques vagues observations d'hôpital, si tant est qu'ils sachent même cela. Un jour, ayant porté mes chaussures chez mon savetier pour qu'il me les raccommodât, je voulus lui donner des conseils. Cet homme, qui ne manquait pas de bon sens, le prit mal et me dit : « Monsieur, vous êtes plus malin que moi dans les livres, mais moi je suis plus malin que vous dans le cuir. » Je trouvai la réplique impertinente. Mais, le sang-froid revenu, je dus convenir que j'avais été un imbécile.

Mais ne croyez pas qu'avec compétence ou non on voulut étudier *tous* les phénomènes psychiques, *quels qu'ils fussent*.. Ah ! mais non. « Nous ne voulons que des médiums à effet physiques, disaient-ils à leur mandataire, cherchez-nous des médiums à effets physiques. » Et, à la fin d'une conférence, M. d'Arsonval expliquait pourquoi : « Il est fort vraisemblable que nous ne connaissons pas toutes les forces qui sont en action dans l'Univers, disait-il ; et il est très possible que quelques unes de ces forces inconnues se trouvent dans l'organisme humain. » Une

nouvelle force dont on serait le Galvani, voilà le rêve,
voilà l'idéal. Malheureusement, si dans les phénomènes
psychiques, il y a des forces inconnues, il y a surtout des
modifications d'ordre intellectuel et, quelquefois, des
intelligences qui semblent parasites, extérieures à nous.
C'est là ce qui barre le chemin ; impossible d'arriver à
ces forces inconnues, si elles existent, sans passer par ces
phénomènes intellectuels. Or, malgré les rêves ambitieux
des psychologues matérialistes, une intelligence ne se
mesure encore avec aucun instrument de laboratoire.

Mais les médiums ne se présentant pas d'eux-mêmes,
on fit un appel au public. L'appel n'a pas été entendu
et ne pouvait pas l'être : comment d'aussi puissants
cerveaux ne l'ont-ils pas vu tout de suite ? Si en 1840
on avait fait un appel aux somnambules, croyez-vous
qu'il s'en serait présenté ? Cependant les somnambules
existent. Les médiums publics sont presque toujours des
simulateurs ; si quelques-uns ont présenté jamais des phénomènes authentiques, ils ont tout de suite conçu l'es-
poir d'en vivre et se sont vus acculés à la nécessité de
frauder. Et vous voudriez qu'ils viennent bénévolément
se faire mensurer par vous, au risque d'y perdre leur
gagne-pain. Quant aux médiums non publics, la plupart
s'ignorent eux-mêmes. D'autres tremblent d'attirer le
ridicule sur eux et n'ont pas tout à fait tort. D'autres ont
tremblé d'effroi en constant chez eux certains phénomènes
anormaux et ne demandent qa'à ne plus les voir se reproduire. Pour avoir des médiums, il ne faut pas les appeler
aux pieds de son tribunal, il faut aller à eux, les chercher soi-même, patiemment, soigneusement, en laissant
de côté toute morgue, en inspirant confiance à force de

bonté. Un académicien ne peut pas descendre aussi bas. Bref, les psycho-physiciens de M. Youriévitch, n'ayant pas vu venir de médiums, sont retournés à leurs laboratoires.

Et pourtant il est grand temps que des associations sérieuses se forment partout pour l'étude, non seulement du psychisme, mais même du magnétisme ; cette dernière est très peu avancée, quoi qu'on en pense. Du reste, il est impossible de se livrer utilement à l'une de ces études en négligeant l'autre ; les phénomènes du magnétisme et ceux du psychisme sont de même nature et s'enchevêtrent les uns dans les autres. Tant que nous ne connaîtrons pas à fond la lucidité somnambulique et ses limitations, nous ne pourrons conclure ni pour ni contre l'existence d'intelligences extérieures.

Les hommes constituant ces associations pourront venir n'importe d'où, même des académies, pourvu qu'ils soient honnêtes, intelligents, doués d'esprit critique.

Si les parlements travaillent, cela est dû presque exclusivement aux partis d'opposition. Il n'en va pas autrement pour la science ; malheureusement, ici, il n'existe que des hommes d'opposition et non des partis, ceux-ci n'ayant pas encore su se constituer.

Ce qu'il faudrait, c'est que vis-à-vis des académies s'élevassent des établissements de même ordre, appelant toutes les jeunes énergies, les groupant, les aidant, leur fournissant argent et laboratoires, publiant leurs travaux. leur confiant des cours ; des établissements où toutes les audaces de la pensée seraient accueillies. Les académies feraient grise mine, mais le progrès décuplerait son alluro. Des établissements de ce genre ne pourraient s'élever que grâce à l'initiative privée. Il y aurait là de quoi tenter l'ambition de ces hommes qui ont de l'argent à ne savoir qu'en faire. Mais, hélas ! l'argent est de toutes les forces la plus brutale et la plus bête. L'argent dévore l'intelligence et le cœur plus vite encore que l'alcool. Chez le riche il ne reste bientôt plus qu'un orgueil immense et imbécile. Si, il reste autre chose, une insatiable avidité ; ce pauvre Rockfeller, qui depuis des années traîne la plus misérable des existences, ne rêve-t-il pas de voir son immense fortune accaparant après sa mort toutes les ressources vives de son pays. Pauvre fou !

Dans un avenir plus ou moins éloigné on en viendra sûrement à l'idée que j'esquisse en passant. Mais quand sera-ce, Dieu le sait.

En attendant, en France, nous devons fonder une société sérieuse de recherches psychiques, analogue à la société anglo-américaine, travaillant de concert avec celle-ci. Il est humiliant pour nous de ne pas en avoir encore. Je sais que M. Joire s'efforce d'en constituer une : j'ignore ses plans et à quoi ont abouti ses efforts jusqu'à ce jour. Mais s'il a des idées pratiques, je me rallierai à lui bien volontiers.

Quant à moi, je n'ai pas de plan arrêté. Il faudrait savoir de quels éléments nous disposons en France, sur quelles ressources on pourrait compter. C'est pourquoi je fais suivre ici mon nom de mon adresse, pour que ceux qui auront lu ces lignes, brutalement franches, et qui approuvent ma manière de voir puissent m'écrire, s'ils le désirent, et me faire part de leurs idées. Je ne promets pas de répondre aux lettres de manière bien ponctuelle, mais j'affirme que ces lettres seront toutes les bien- venues.

M. SAGE,

33, rue de Coulmiers,
    Paris, XIV°.

CHAPITRE PREMIER

La Société pour les recherches psychiques a été fondée il y a un peu plus de vingt ans. En janvier 1882, une conférence eut lieu à Londres : elle se composait de personnes qui s'intéressaient à certaines recherches et qui pensaient que ces recherches n'avaient pas encore eu, de la part du monde scientifique et littéraire, la part d'attention qu'elles méritent.

Six années auparavant, en 1876, le professeur W. F. Barrett, de Dublin, actuellement membre de la Société Royale, avait lu, à une réunion de l'Association britannique à Glasgow, un mémoire où il rendait compte d'une série d'expériences faites par lui. Ces expériences l'avaient conduit à croire que dans certaines conditions un transfert de pensées et d'idées pouvait avoir lieu d'un cerveau à un autre, par d'autres moyens que les sensations connues. Il réclamait la formation d'un comité d'hommes scientifiques pour étudier ce sujet et en même temps les autres phénomènes psychiques, tels que les manifestations dites spiritiques qui avaient été attestées par des hommes distingués comme Sir William Crookes et le docteur Alfred Russel Wallace. Pour des causes diver-

ses, la proposition du professeur Barrett tomba à l'eau.
Le mémoire, avec quelques omissions et changements, a
paru dans les *Proceedings* de la Société pour les recherches psychiques, volume Ier, pages 238 à 244. En 1876
et 1877, le professeur Barrett revint à la question dans
des lettres au *Times* et au *Spectator* qui apportaient de
nouveaux faits probants. Les résultats d'expériences ul-
térieures sur le transfert de pensée à l'état normal (non
hypnotique) sont rapportés par lui dans *Nature* (n° du 7
juillet 1881). A la fin de sa lettre, le professeur dit :
« Selon l'idée émise par M. G. J. Romanes, j'ai formé un
petit comité qui donnera son avis sur les conclusions
auxquelles je suis arrivé. » Ce comité se réunit ; mais la
publication du résultat de ses travaux ne relevait d'au-
corps scientifique reconnu.

Comme les sociétés et les journaux scientifiques exis-
tants ne s'occupaient que de l'étude des phénomènes naturels ou normaux, comme distincts des phénomènes
transcendantaux, on comprit la nécessité d'une nouvelle
association. De plus, on sentait qu'une société de ce
genre fournirait des encouragements aux recherches
relatives non seulement au transfert de pensée, mais à
tout le groupe important de phénomènes qui se trouve
hors des bornes de la science orthodoxe ; par l'existence
de cette société, la continuité des études serait également assurée. Pénétré de ces vues et de la portée immense d'une telle enquête, le professeur Barrett, après
en avoir conféré avec des amis, prit des mesures pour
l'organisation d'une réunion. Il faut dire que chez de
nombreux spirites, il y avait aussi le désir de recherches
plus systématiques et plus scientifiques. M. E. Dawson
Rogers, qui, pendant des années avait été un des chefs du

spiritisme, était fortement d'avis qu'il fallait former une société susceptible d'attirer ceux des bons esprits qui jusqu'alors s'étaient tenus à l'écart. Il mit à la disposition du professeur Barrett une salle située au centre de Londres et où une conférence pouvait avoir lieu. M. C. G. Massey donna aussi au professeur des encouragements et une aide appréciée.

Le professeur Barrett entreprit d'inviter un certain nombre de personnes, les unes ayant de la notoriété dans la science ou dans la littérature, les autres ayant pratiqué longuement l'étude des phénomènes occultes, mais toutes animées d'un sérieux désir de voir explorer dans un esprit scientifique les régions contestées. C'est en réponse à ces invitations qu'eut lieu la réunion de janvier 1882, mentionnée dans le premier paragraphe de ce chapitre. Le professeur Barrett présidait ; il expliqua tout au long ce que serait le champ de la société, et les raisons qui, à son avis, la rendaient absolument nécessaire. Une résolution, approuvant les projets du professeur, fut votée à l'unanimité : elle était appuyée par le révérend W. Stainton Moses, M. C. C. Massey, M. F. W. Myers, M. G. J. Romanes et d'autres.

Un comité fut organisé et tint plusieurs réunions. Ce fut le 20 février 1882 que la Société fut définitivement constituée. Nous trouvons le premier avis relatif à la Société dans les colonnes du *Light*, journal hebdomadaire, le 25 février 1882. On y donne une liste de seize noms : ce sont les membres du premier conseil. Comme exemple des changements qui peuvent survenir en vingt ans seulement, il est à remarquer que de ces seize personnes, il n'y en a que deux parmi les survivants, le professeur Barrett et l'auteur de ces lignes, qui n'ont pas cessé de collaborer d'une façon active à l'œuvre de la Société. Du reste, presque tous les autres ont été enlevés par la mort.

Ce fut une bonne fortune inestimable pour la Société d'avoir le professeur Henry Sidgwick, de Cambridge, pour premier président. Il prit une part active à l'élaboration des « objets de la Société », le premier document officiel qui parut. Ce document met si bien en évidence d'une part le courage, et de l'autre la prudence déployés par les fondateurs que quelques extraits ne seront pas déplacés ici.

« C'est un sentiment général que nous nous trouvons à un moment opportun pour essayer un effort organisé et systématique à l'effet d'étudier le vaste groupe de phénomènes sujets à contestation et qu'on désigne sous les noms de magnétiques, psychiques et spiritiques.

« D'après les témoignages de beaucoup de personnes compétentes, dans le passé et de nos jours, et y compris les observations faites récemment par des hommes de science éminents dans divers pays, il semble que, parmi beaucoup d'illusions et de tromperies, on se trouve en présence d'un corps important de phénomènes remarquables, qui sont au premier abord inexplicables, si l'on se base sur n'importe quelle hypothèse généralement reconnue, et qui, s'ils étaient établis de façon incontestable, auraient la valeur la plus haute.

« L'examen de ces phénomènes résiduels a été souvent entrepris par des individus isolés, mais jamais jusqu'à présent par une société scientifique organisée sur une base suffisamment large. »

Le *Nota bene* suivant, qui est dû sinon tout entier, du

moins en grande partie, au professeur Sidgwick, montre admirablement la position adoptée par la Société :

N. B. — « Pour prévenir les malentendus, on affirme expressément ici que l'adhésion à la Société n'implique pas l'acceptation d'une explication particulière quelconque des phénomènes étudiés, ni aucune croyance relative à l'action, dans le monde physique, de forces autres que celles qui sont reconnues par les sciences physiques. »

Ce *Nota bene* a toujours été conservé dans toutes les éditions des objets de la Société, et on l'y trouve encore aujourd'hui.

L'attitude de l'opinion publique vis-à-vis des recherches psychiques a tellement changé depuis vingt ans, qu'il est difficile aujourd'hui de se rendre compte des sentiments de mépris qui existaient alors parmi les gens instruits au sujet de certaines branches de ces recherches ; il est également difficile d'apprécier la somme de courage dont eurent besoin, en s'embarquant sérieusement dans des études de cette nature, des personnes de position aussi élevée que quelques-uns des fondateurs de la Société.

La première assemblée générale de la Société fut tenue le 17 juillet 1882. Quelques paragraphes du discours d'ouverture prononcé par le président serviront à montrer ce qu'il pensait de l'œuvre à entreprendre.

« Comme cette réunion est la première assemblée générale de notre nouvelle Société depuis le moment où elle a été constituée, on a pensé qu'avant d'expédier les affaires dont nous avons spécialement à nous occuper aujourd'hui, je devrais dire quelques mots des buts et des méthodes de la Société. Ces quelques mots formeront une sorte d'explication, un supplément à notre prospectus

indiquant ces buts et ces méthodes, prospectus qui, je
suppose, est connu de tous nos membres, et peut-être de
quelques personnes qui ne sont pas encore de nos membres. Cette circulaire n'a pas rencontré beaucoup de cri-
tiques de nature à nous éclairer. Elle a été reçue soit
avec une entière cordialité, soit avec une neutralité
défiante, soit avec un mépris muet.

« La première question que j'ai entendu poser est
celle-ci : Pourquoi donc former une société pour les recherches psychiques comprenant dans son champ d'études
non seulement les phénomènes de lecture de pensée
(auxquels surtout nous allons vous demander de prêter
votre attention cet après-midi), mais encore ceux de
clairvoyance, de magnétisme, et la masse de phénomènes
obscurs connus sous le nom de spiritiques ?

« Eh bien ! en répondant à cette première question, je
serai à même d'énoncer une idée sur laquelle j'espère
que nous nous accorderons tous, et j'entends par « nous »
non seulement la présente assemblée, mais cette assemblée et le monde scientifique tout entier ; et comme, malheureusement, il n'y a que peu d'observations que je
puisse faire sur lesquelles un tel accord est possible, je
pense qu'il est bon de proclamer notre unanimité à dire
que l'état de choses actuel est une honte pour le siècle
éclairé où nous vivons. Je dis que c'est une honte que l'on
en soit encore à discuter sur la réalité de ces phénomènes
merveilleux — dont il est tout à fait impossible d'exagé-
rer l'importance scientifique, si seulement la dixième
partie de ce qui a été attesté par des témoins dignes de
foi pouvait être démontré comme vrai.

« Je répète que c'est une honte, alors que tant de témoins
compétents ont déclaré leur conviction, que tant d'autres

personnes ont un intérêt profond à ce que la question soit
éclaircie, de voir encore discuter la réalité des faits, et de
voir les gens instruits garder en masse l'attitude de l'incrédulité.

« Eh bien ! le but principal de notre Société, ce que
nous voulons tous, croyants ou non-croyants, est d'essayer
méthodiquement et avec persévérance de nous délivrer de
cette honte d'une façon ou d'une autre (1). »

L'espace restreint dont nous disposons ne nous permet
pas de citer les réponses du président aux autres questions. A la fin de son discours, il dit :

« L'incrédulité scientifique a mis tant de temps pour
grandir, elle a tant et de si puissantes racines, que nous
ne la tuerons, — si nous parvenons à la tuer en ce qui
regarde l'une quelconque de ces questions — que si nous
réussissons à l'enterrer sous un monceau de faits. Il faut
que nous ajoutions expérience à expérience. Je suis aussi
d'avis que nous ne devons pas chercher à convaincre les
incrédules en insistant sur la portée d'un seul fait pris à
part, mais que c'est à la masse des preuves que nous
devons nous fier pour amener la certitude. Il va de soi
que dans tout compte-rendu d'observations ou d'expériences la force de démonstration est conditionnée par la
bonne foi de l'investigateur. Nous ne pouvons faire plus
que de mettre le critique dans la nécessité de suggérer
que l'investigateur est complice. Il se résoudra à ce dernier parti quand il ne lui en restera pas d'autre...

« Nous nous ferons, je l'espère, une loi de ne porter à
la connaissance du public aucun fait qui ne réponde à
cette condition. Il faut réduire celui qui a des objections

(1) *Proceedings*, S. P. R. Vol. Iᵉʳ, pp. 7 et 8.

2.

à faire à la position suivante : être forcé d'admettre les phénomènes comme inexplicables, au moins pour lui, ou d'accuser les investigateurs soit de mensonge, soit de tricherie, soit d'un aveuglement ou d'un manque de mémoire tels qu'on ne les trouve que chez les idiots (1). »

Le nombre des membres de la Société augmenta rapidement, et elle s'acquit des adhésions de plus en plus flatteuses dans le monde scientifique et littéraire. Elle a compté parmi ses adhérents plusieurs membres de la Société Royale, des hommes d'État éminents dans les divers partis politiques, et nombre de notoriétés dans toutes les professions. La liste des membres, publiée en 1901, contient 948 noms, et depuis 1889, il existe aux États-Unis une branche séparée comprenant plus de 500 membres. En 1883, aussitôt que l'œuvre eut pris des proportions importantes, M. Edmond Gurney fut nommé secrétaire honoraire, position qu'il garda jusqu'à sa mort, en 1888. Alors MM. F. W. H. Myers et F. Podmore furent désignés ensemble comme secrétaires honoraires. En 1807, M. Myers seul fut réélu, mais toutefois M. Podmore demeura membre du conseil. En 1899, M. J. G. Piddington fut élu secrétaire honoraire, et depuis l'élection de M. Myers à la présidence, en 1900, il est resté seul secrétaire honoraire de la Société.

Les présidents de la Société ont été :

Professeur H. SIDGWICK, 1882-1884.

Professeur BALFOUR-STEWART, membre de la Société Royale, 1885-1887.

Professeur H. SIDGWICK, 1888-1892.

_____

(1) *Proceedings*, S. P. R. Vol. I", p. 12.

Très honorable A. J. BALFOUR, membre du Parlement, membre de la Société Royale, 1893.

Professeur WILLIAM JAMES (d'Harvard, États-Unis), 1894-1895.

SIR WILLIAM CROOKES, membre de la Société Royale, 1896-1899.

FRÉDÉRIC MYERS, 1900.

SIR OLIVER LODGE, membre de la Société Royale, 1901-1903.

Notons cette intéressante coïncidence : en 1898, Sir William Crookes était Président de l'Association britannique et Président de la Société pour les Recherches psychiques.

La première livraison des *Proceedings* fut publiée en octobre 1882. La livraison XLI parut en 1901, complétant une série de seize volumes. En 1884 commença la publicaiion d'un *Journal* mensuel, destiné uniquement aux membres de la Société. A la fin de 1900, il avait été publié cent-soixante-quatorze numéros, formant neuf volumes complets. En outre de ces périodiques, il fut publié en 1886, sous le titre de *Fantômes des Vivants* (2 gros in-8°), un ouvrage important signé par Edmond Gurney, F. W. H. Myers et F. Podmore, qui résumait le travail de la Société dans un seul champ, relativement étroit. Toutes ces publications atteignent le nombre formidable de 13.200 pages. Dans le présent chapitre, il ne nous appartient pas de parler de la valeur du travail accompli. Mais on peut affirmer sans crainte que jamais pareille quantité de matériaux n'a été réunie, avec un soin aussi soutenu quant à la qualité des témoignages, et avec une telle prudence quant aux conclusions à en tirer. Le nombre des collaborateurs est très grand. Mais le plus important de beaucoup a été M. F. W. H. Myers, qui, à part sa collaboration aux *Fantômes de Vivants*, a écrit plusieurs séries d'articles dans les *Proceedings*, ainsi qu'un nombre immense de communications de toutes sortes dans les *Proceedings* et le *Journal*. La livraison XLII, qui commence le volume en cours des *Proceedings*, contient des témoignages à sa mémoire par Sir Oliver Lodge et plusieurs autres membres de la Société.

Comme on aurait pu s'y attendre, l'œuvre de la Société ne se développa pas exactement selon le plan qu'on avait prévu au commencement. Cette œuvre peut être classée en cinq départements. Mais il n'y a pas entre eux de division bien nette ; ils empiètent l'un sur l'autre d'une façon curieuse et souvent inattendue. Voici ces cinq divisions :

1° Transmission de pensées définies d'un esprit à l'autre, par des moyens indépendants des organes ordinaires de la sensation : *Transfert de pensée* et *Télépathie*.

2° Nature, pouvoirs et effets de la suggestion : *Magnétisme.* — *Hypnotisme.* — *Applications médicales.*

3° Facultés de l'esprit non développées et non reconnues : *Le Moi subliminal.*

4° *Apparitions et lieux hantés.*

5° Preuves de l'existence d'intelligences autres

que les « Vivants » et de la réalité des intercommunications.

Ce chapitre trouvera une conclusion appropriée dans quelques paroles de M. F. W. H. Myers. Ces paroles sont tirées du discours qu'il prononça à la 105e assemblée générale de la Société, en mai 1900, après son élection à la présidence. Il mourut avant d'avoir pu exercer sa charge pendant toute une année. Remarquons qu'il dit expressément : « Dans tout ce discours, il est bien entendu que je n'engage que moi seul. Je n'exprime aucune manière de voir collective (1). ».

« Nous (les psychistes), ne manquons pas des mobiles d'action susceptibles de faire agir les hommes en général. Nous avons le stimulant de la curiosité intellectuelle — plus richement satisfaite, je pense, dans nos recherches, que n'importe où ailleurs ; et de plus, la plupart d'entre nous ont par dessus tout le désir salutaire d'une prolongation — d'une prolongation sans fin — de la vie et du bonheur... D'ordinaire, quand un homme se soucie peu de l'existence, c'est parce que l'existence se soucie peu de lui... C'est le manque de foi dans la valeur de la vie et de l'amour qui a fait la décadence de presque toutes les civilisations. La Vie est le but final de la Vie. Le plus haut parmi les Maîtres n'a pas eu d'autre mission que de nous apporter plus de vie ; et c'est par l'esprit vigoureux et sain pour qui vivre est

(1) *Proceedings*, S. P. R. Vol. XV, p, 119.

en soi-même une joie que l'univers accomplit le mieux son but suprême (1). »

(1) *Proceedings*, S. P. R. Vol. XV, p. 113.

CHAPITRE II

Dans le chapitre précédent, l'œuvre de la Société a été divisée en cinq classes, dont la première est : « La transmission de pensées définies d'un cerveau à un autre, par des moyens qui ne dépendent pas des organes ordinaires de la sensation ». Le présent chapitre sera consacré aux preuves en faveur du transfert de pensée, phénomène non reconnu par la Science jusqu'alors. Ces preuves peuvent être divisées en deux classes : 1º expériences faites dans le but de produire le phénomène en question; 2º témoignages relatifs à des faits spontanés, en apparence inexplicables par les hypothèses ordinaires. Nous nous occuperons d'abord des expériences.

La société débuta dans ses études méthodiques par une série d'expériences variées, destinées à prouver la réalité ou la non-réalité du transfert de pensées définies. Ce qu'il fallait avant tout dans ces expériences, c'était empêcher l'action des cinq sens, la vue, l'ouïe, l'odorat, le goût et le toucher.

Pour quatre sens, il n'y avait [pas de difficulté. Mais pour ce qui est du toucher, on s'aperçut vite que « l'ac-

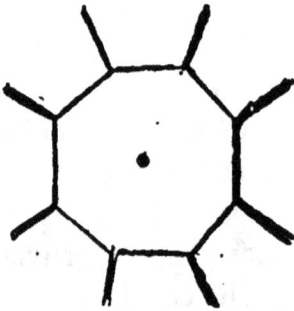

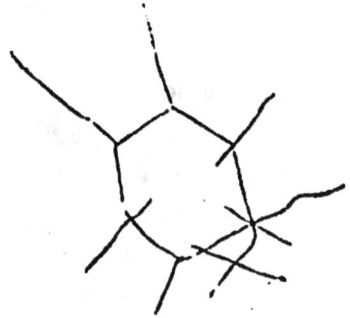

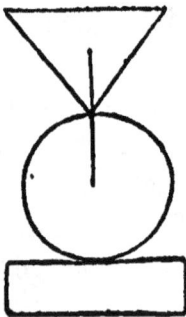

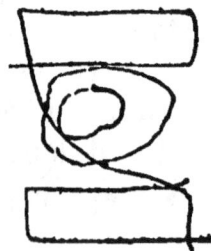

tion musculaire inconsciente » était un facteur subtil,
dont il était extrêmement difficile de déterminer l'importance, et qu'il constituait une explication possible dans
tous les cas de transmission de pensée où il pouvait entrer
en jeu, si peu que ce fût. On a abusé d'une manière
absurde de cette explication par l'action musculaire inconsciente, comme par exemple dans le cas où agent et
percipient sont reliés simplement par un cordon tenu
lâche. Mais, pour ne prêter à aucune critique, la Société
se hâta d'exclure toute expérience où il y aurait un contact quelconque entre agent et percipient.

A la première Assemblée générale de la Société, le
17 juillet 1882, le professeur Barrett lut le « premier rapport sur la lecture de Pensée », écrit par lui-même et
MM. Gurney et Myers. Ce compte-rendu avait pour but
d'inaugurer les rapports d'expériences à faire relativement à cette question : « Une impression vive ou une
idée distincte dans un cerveau peut-elle être communi-
quée à un autre cerveau sans l'aide des organes ordinaires
de la sensation (1) ? » On peut faire ressortir le changement extraordinaire qui s'est produit depuis lors dans
l'attitude du public, changement auquel nous avons déjà
fait allusion, en notant la remarque suivante, qui se
trouve à la première page du rapport :

« L'état actuel de l'opinion scientifique dans le monde
entier est non seulement hostile à toute croyance dans la
possibilité de transmettre un seul concept autrement que
par les voies ordinaires de la sensation, mais généralement parlant, il est hostile même à toute enquête sur la

(1) *Proceedings*, S. P. R., vol. I, p. 13.

question. Tous les physiologistes et les psychologues de
marque ont jusqu'aujourd'hui relégué ce qu'on a appelé
la « lecture de pensée », faute d'une meilleure expression, dans les limbes réservés aux illusions abandon-
nées (1) ».

Plusieurs séries d'expériences sont décrites en détail
dans les rapports du comité. Faute d'espace, nous ne
pouvons que dire un mot d'une de ces séries ; nous parlons de celle-là parce que tous ceux qui y prirent part
étaient des membres de la Société qui s'intéressaient profondément à son œuvre (2). C'étaient MM. Gurney et
Myers qui dirigeaient les expériences ; M. Douglas
Blackburn était l'agent ; M. G. A. Smith, le percipient.
Dans quelques-unes des premières expériences, MM. B.
et S. se tenaient les mains ; dans d'autres, il n'y eut
aucun contact. On écrivait le nom d'une couleur ou d'un
objet, on montrait ce nom à M. B. et M. S. essayait alors
de le dire. Ou bien on pinçait ou piquait le bras de M. B.
et M. S. s'efforçait de localiser la douleur. Il va sans dire
que tous les moyens ordinaires de perception étaient
exclus avec soin. Dans ces conditions, sur trente-trois
expériences, environ la moitié des réponses peuvent être
considérées comme absolument correctes, plusieurs autres comme presque correctes ; et aucune n'est entièrement inexacte. L'hypothèse de la coïncidence est donc
exclue, vu le nombre des résultats satisfaisants.

Un second Rapport par les mêmes auteurs fut lu à une
Assemblée de la Société en décembre 1882. En outre

(1) *Proceedings*, S. P. R., vol. I, p. 13.
(2) *Proceedings*, S. P. R., vol. I, pp. 78-80.

d'expériences de même nature que celles décrites dans le premier Rapport, on en citait d'autres d'un genre tout différent, faites avec d'autres personnes. Ces expériences consistaient en dessins exécutés de la façon suivante : A. fait un croquis au trait d'une figure géométrique simple, ou de quelque chose d'un peu plus compliqué. B. regarde ce croquis, et, emportant l'image dans son cerveau, va se placer debout derrière G. qui est assis avec un crayon et du papier devant lui. G. dessine l'impression qu'il reçoit de B. Toutes les précautions ordinaires sont prises, et, à l'exception de quelques essais, aucun contact n'est permis entre les expérimentateurs. Le compte-rendu d'une série d'expériences de ce genre est donné dans le second Rapport, et une série d'expériences subséquentes, qui eurent lieu dans des conditions très strictes, est décrite dans un troisième Rapport lu à une Assemblée d'avril 1883.

Des séries d'expériences du même genre ont été conduites par plusieurs groupes avec des résultats analogues.

Les planches I, II et III sont des fac-similés de trois couples de dessins exécutés comme nous l'avons indiqué plus haut (1).

Nous allons maintenant nous occuper du second genre de preuves en faveur du transfert de pensée : les témoignages relatifs à des faits spontanés, en apparence inexplicables par les hypothèses ordinaires. C'est là un champ très vaste, et il nous faudra nous contenter d'un petit nombre d'exemples, où l'exactitude et la bonne foi ne laissent pas de place au doute.

PREMIER CAS. — La personne qui raconte le fait est la

(1) *Proceedings*, S. P. R., vol. I, p. 83, 89 et 93.

femme du général R... — « Le 9 septembre 1848, au
siège de Mooltan, le major-général R..., de l'ordre du
Bain, alors officier-adjudant de son régiment, fut très
grièvement et très dangereusement blessé. Se croyant sur
le point de mourir, il demanda à un des officiers qui se trouvaient près de lui d'enlever l'anneau qui était à son doigt
et de l'envoyer à sa femme, qui, à ce moment, se trouvait
à plus de 150 milles de distance, à Ferozepore. Pendant
la nuit du 9 septembre 1848, je me trouvais au lit, à demi
éveillée, lorsque je vis distinctement mon mari qu'on
enlevait du champ de bataille, sérieusement blessé et
j'entendis sa voix qui disait : « Enlevez cet anneau de
« mon doigt et envoyez-le à ma femme. » Toute la journée suivante, je ne pus me délivrer de l'obsession de ce
spectacle et de ces paroles. En temps voulu, j'appris que
le général avait été grièvement blessé à l'assaut de Mooltan. Mais il survécut et il vit encore. Ce ne fut qu'un certain temps après l'événement que j'appris du colonel L.,
l'officier qui aida à emporter le général R., que ce dernier lui avait demandé d'enlever l'anneau et de me l'envoyer — tout comme je l'avais entendu au même moment
à Ferozepore. — M. A. R. (1). »

2e cas. — Communiqué par un médecin, le Dr C. Ede,
de Guildford, à qui l'incident a été raconté par les deux
percipientes. — « Lady G. et sa sœur avaient passé la
soirée avec leur mère, qui se trouvait comme à l'ordinaire quant à la santé et à la disposition d'esprit, au moment de leur départ. Au milieu de la nuit, la sœur de
lady G. se réveilla tout effrayée et dit à son mari : « Il

(1) *Proceedings*, S. P. R., vol. I, p. 30.

« faut que j'aille tout de suite chez ma mère ; veuillez
« faire atteler. Je suis sûre qu'elle est malade. » Le mari,
après avoir vainement essayé de convaincre sa femme
que ce n'était qu'une idée, fit atteler. En arrivant près de
la maison de sa mère, au point d'intersection de deux
routes, la sœur de lady G. aperçut la voiture de cette dernière. Chacune des deux sœurs demanda à l'autre pourquoi
elle se trouvait là ; et elles firent chacune la même réponse : « Je ne pouvais pas dormir, me sentant sûre que
« maman était malade, et c'est pourquoi je suis venue
« voir. » Arrivées en vue de la maison, elles virent à la
porte la femme de chambre de confiance de leur mère, et
elles apprirent que cette dernière était tombée subitement
malade, se mourait, et avait exprimé un désir ardent de
voir ses filles (1). »

3e CAS. — Ce cas a été rapporté par le comité littéraire,
composé du professeur Barrett et de MM. Gurney, Massey, Stainton Moses et Myers. — « Une dame demanda
à un magnétiseur, bien connu de nous, de l'endormir,
afin de lui permettre de visiter en esprit certains endroits
dont lui-même n'avait aucune connaissance. Il ne put
réussir ; mais il s'aperçut qu'il pouvait amener la dame à
décrire des endroits qui lui étaient inconnus à elle, mais
qu'il connaissait bien. C'est ainsi qu'il put lui faire décrire une certaine chambre où elle n'était jamais entrée,
et cependant elle la décrivit exactement comme il se souvenait l'avoir vue. Il lui vint alors à l'idée d'imaginer un
grand parapluie ouvert sur une table de cette chambre,
et aussitôt la dame s'écria : « Je vois un grand parapluie
« ouvert sur la table (2). »

(1) *Proceedings*, S. P. R., vol. I, p. 31.
(2) *Proceedings*, S. P. R., vol. I, p. 120.

4ᵉ cas. — Communiqué par M. R. Fryer, de Bath. —
« Un étrange événement eut lieu dans l'automne de 1879.
Un de mes frères se trouvait absent de la maison depuis
trois ou quatre jours, lorsqu'une après-midi, à 5 heures
et demie (je fixe l'heure aussi exactement que possible),
je fus étonné de m'entendre appeler par mon nom très
distinctement. Je reconnus si nettement la voix de mon
frère que je le cherchai par toute la maison ; mais, ne le
trouvant pas et sachant qu'il devait se trouver à une distance d'environ 40 milles, je finis par attribuer l'incident
à une illusion de l'imagination, et je n'y pensai plus. Le
sixième jour après son départ, mon frère revint, et il dit
entre autres choses qu'il lui était arrivé un accident qui
aurait pu avoir les suites les plus fâcheuses. En descendant de wagon, le pied lui avait manqué et il était tombé
le long du quai ; il avait amorti la chute en étendant vi-
vement les mains et n'avait éprouvé qu'une violente se-
cousse. « Chose assez curieuse, dit-il, en tombant j'ai
crié votre nom. » Ceci ne me frappa pas immédiatement ;
mais en lui demandant à quel moment de la journée l'accident était arrivé, il me donna l'heure, et je m'aperçus
qu'elle correspondait exactement avec celle où je m'étais
entendu appeler (1). »

5ᵉ cas. — Communiqué par le docteur Joseph Smith,
qui a été pendant des années un des médecins les plus es-
timés de Warrington. — « Pendant que je demeurais à
Penketh, il y a environ 40 ans, j'étais assis un soir à lire,

(1) *Phantasms of the Living* (Fantômes des vivants), vol.
II, p. 103.

et j'entendis une voix me disant: « Envoie un pain chez James Gandy. » Je ne me dérangeai pas, et j'entendis la voix répéter : « Envoie un pain chez James Gandy. » Je continuai à lire, quand une troisième fois, j'entendis la voix dire avec une grande force : « Envoie un pain chez James Gandy », et cette fois je me sentis irrésistiblement poussé à me lever. J'obéis à cette impulsion, j'allais dans le village, j'achetai un gros pain, et, apercevant un jeune garçon à la porte de la boutique, je lui demandai s'il savait où demeurait James Gandy. Il me répondit que oui, et je lui donnai un petit pourboire en lui disant de porter le pain et de dire que c'était de la part d'un monsieur. Mme Gandy faisait partie de ma classe à l'église wesleyenne, et le lendemain matin étant allé chez elle pour avoir des nouvelles, elle me dit qu'il lui était arrivé une étrange chose la veille au soir. Elle voulait coucher ses enfants, mais il se mirent à pleurer de faim ; et, comme son mari n'avait pas de travail depuis quatre ou cinq jours elle n'avait rien à leur donner. Elle se mit alors en prières, demandant à Dieu de lui envoyer quelque chose: et voilà que quelques minutes plus tard, un jeune garçon avait apporté un pain de la part d'un monsieur. Je calculai, après l'avoir interrogée, que la prière et l'ordre donné par la voix avaient coïncidé exactement comme temps (1). »

6e cas. — Extrait d'une communication du révérend R. H. Killick, curé de Great Smeaton, Northallerton. — « J'avais laissé ma bien-aimée fillette à la maison. Moi, j'étais à Paris. Tout à coup, un dimanche après-midi, il

(1) *Phantasms of the Living*, vol. II, pp. 123-4.

me sembla entendre une voix qui disait : « Elle est tombée dans l'étang. » J'essayai de chasser cette idée, mais
en vain. Le soir ι . .ce couchai sans pouvoir dormir (cela
se passait ava. ι.] époque des télégraphes). En temps
voulu je reçus des lettres m'apprenant que tout allait
bien. Je terminai mon voyage et ne parlai jamais de ma
« sotte nervosité ». Quelques mois plus tard j'étais à un
dîner, l'hôtesse me dit : « Qu'est-ce que vous avez dit
« à propos d'Etta quand vous l'avez appris ? — Appris
« quoi ? — Oh ! aurais-je révélé un secret ! » Je répli-
« quai : « Je ne m'en irai pas que vous ne m'ayez dit ce
« dont il s'agit. » Elle répondit : « Ne me mettez pas dans
« l'embarras, mais je parle de la chute d'Etta dans l'é-
« tang. — Quel étang ? — Le vôtre. — Quand ? — Quand
« vous étiez en voyage. » Je me hâtai de rentrer chez
moi et demandai à l'institutrice ce que tout cela voulait
dire. Elle s'écria : « Oh ! est-ce cruel de vous raconter
« cela maintenant que c'est passé ! Eh bien ! Un diman-
« che après-midi nous nous promenions sur le bord de
« l'étang. Théodore dit : « Etta, essaie comme c'est drôle
« de marcher les yeux fermés ». Elle essaya et tomba dans
« l'eau. Je poussai un cri, regardai autour de moi, vis la
« tête d'Etta émerger, accourus et la tirai de là. C'était
« effrayant ! Je la portai à sa maman : on la mit au lit et
« bientôt il n'y parut plus. » Je m'informai du jour. C'é-
tait le même dimanche où cette effrayante conviction
m'était venue à Paris. Je m'informai de l'heure : 4 heures,
le moment précis où cette désagréable pensée pénétra
dans mon esprit. Je dis : « En ce cas l'événement me « fut
révélé à Paris, juste au moment où il se passa. » Et pour
a première fois je racontai ce qui m'était arrivé à Paris

ce dimanche après-midi. J'avais à ce moment dix enfants à la maison (1). »

Il saute aux yeux du lecteur que le résumé trop bref donné plus haut des résultats obtenus dans la transmission de pensée et les six cas de transmission spontanée de pensée que je cite, ne sauraient donner une idée suffisante de la quantité des preuves réunies par la Société. Dans les « Fantômes des vivants » seulement, il y a des chapitres entiers consacrés à des cas où des idées bien définies, sans importance spéciale, semblent avoir été transmises d'une personne à l'autre à de grandes distances. Il semble bien qu'on ne puisse échapper à cette conclusion : les cinq sens ne sont pas les seules voies par lesquelles la connaissance arrive à l'esprit. En d'autres termes, le chercheur semble acculé à la conclusion que la transmission de pensée et la télépathie doivent maintenant être classées parmi les faits scientifiquement établis. Quant à l'interprétation des faits, quant aux moyens par lesquels les notions sont ainsi transportées, ce sont là des questions qui appartiennent à une autre branche de cette recherche.

Bien que la valeur des preuves déjà réunies ne puisse être raisonnablement contestée, bien que la conclusion grandiose à laquelle ces preuves nous conduisent ne puisse être niée, il est extrêmement important que la quantité des preuves en faveur de la télépathie s'accroisse tous les jours. On peut combiner des expériences de tant de façons différentes qu'il est possible pour à peu près tous les groupes de personnes intelligentes

(1) *Phantasms of the Living* vol. II, p. 119-120.

3,

d'en faire qui seraient d'une valeur réelle pour la science.
Noter avec une scrupuleuse exactitude les conditions et
les résultats au moment même, voilà le point essentiel pour
que ces expériences aient de la valeur. La Société appré-
cierait beaucoup des rapports faits sur ces bases par des
investigateurs sérieux.

CHAPITRE III

SUGGESTION, HYPNOTISME, PSYCHOTHÉRAPIE

Dans ce chapitre on se propose de donner un aperçu rapide de ce que la Société a fait pour expliquer la nature, la puissance et les effets de la suggestion, en se référant principalement au mesmérisme, à l'hypnotisme et à la psychothérapie.

Suggestion. — Hypnotisme.

Le second et le troisième volume des Annales de la Société contiennent des articles dus, soit conjointement, soit séparément, à la plume de MM. Gurney et Myers, dans lesquels on cherche à interpréter les phénomènes de la suggestion, du mesmérisme et de l'hypnotisme. Ces articles sont extrêmement intéressants en tant que premières tentatives pour mettre un peu d'ordre dans l'embroussaillement des faits et le chaos des théories. Mais il faut avouer qu'ils jettent plutôt du trouble dans l'esprit du lecteur ordinaire. Un peu de lumière commence à poindre dans un article très soigné de M. Myers, inséré dans le volume V et intitulé : *l'Hypnotisme télépathique*. Le fond de cet écrit est constitué par des observations

faites au Havre en 1886, par M. Myers lui-même, sur un
sujet très remarquable. Le trait le plus frappant dans ce
cas était la production à distance, par la volonté ou la
suggestion mentale, du sommeil et des autres phénomènes hypnotiques. En passant, M. Myers établit une
distinction entre le mesmérisme et l'hypnotisme, distinction qu'il serait peut-être bon de reproduire en simpli-
fiant un peu les termes. Il parle des vieux mesméristes
anglais comme d'hommes « croyant à une effluence ou
influence vitale spécifique », et il les oppose aux hypnotiseurs proprement dits, « ne croyant qu'à une action
mécanique dans la production de l'hypnose. » Il fait remarquer que « les mesméristes ont totalement méconnu
la distinction entre l'effet de l'effluence vitale en présence
ou dans le voisinage immédiat du sujet et l'effet de cette
même effluence à une distance d'un demi-mille, par
exemple. » Il rappelle aussi que des observateurs plus
soigneux ont en conscience considéré la difficulté comme
insoluble. Ces derniers, par commodité et par analogie,
parlent de « suggestion à distance », mais n'essaient pas
de rattacher cette suggestion à distance avec la suggestion en présence du sujet. M. Myers dit : « C'est aussi
mon avis (1886) que la solution complète du problème est
impossible. Nous ignorons totalement la nature de la
force qui peut être en action dans la production des phénomènes télépathiques, qui peut provoquer ou faciliter le
passage des pensées ou des sensations d'un esprit à un
autre sans l'intermédiaire des sens ordinaires. (1) »
M. Myers, toutefois, pense qu'on peut essayer et il dit:
« Afin de mettre un peu de clarté dans nos connaissances,

(1) *Proceedings*, S. P. R. Vol. IV. pp. 138, 9.

nous devons aborder immédiatement cette difficile question : qu'entend-on par suggestion ? Comme cause de
l'hypnose, le mot suggestion peut désigner au moins qua·
tre choses différentes, qui sont : 1º la suggestion verbale ;
2º l'autosuggestion ; 3º la suggestion mentale due à une
personne présente ; 4º la suggestion mentale due à une
personne absente (1). » Ensuite M. Myers traite le sujet
tout au long ; puis il résume ainsi sa propre conviction :
« Je prétends que l'énigme de l'hypnotisme comporte plus
d'une solution... Je soutiens que les changements hypnotiques sont physiologiques et non pathologiques, supra·
normaux et non anormaux. (2) » C'est-à-dire, en langage
plus familier : ces phénomènes n'indiquent pas un état
morbide qu'il faut craindre et éviter ; il faut les considérer
comme une porte ouverte vers des connaissances plus
élevées ; ils sont dignes de nos recherches et récompen-
seront certainement nos efforts. A partir de cette époque,
le mot *mesmérisme* fut à peu près entièrement laissé de
côté par les principaux chercheurs de la Société.

Je choisis ce qui suit, pour bien montrer au lecteur le
caractère des phénomènes dont M. Myers fut témoin au
Havre, dans le cas qui forme le fond de l'article auquel
j'ai fait plus haut des emprunts. On avait pris des précautions appropriées contre trois sources d'erreur possibles : la fraude, la coïncidence accidentelle et la suggestion par des mots ou des gestes. Mme B., une paysanne,
demeure avec la sœur du Dr Gibert, dans une maison
appelée le Pavillon, distante d'environ les deux tiers d'un
mille de la propre maison et de la clinique du Dr Gibert.

(1) *Proceedings*, S. P. R. vol. IV, pp. 139, 140.
(2) *Proceedings*, S. P. R., vol. IV, p. 141.

M. Myers dit : « Le matin du 22 avril, nous tirâmes de nouveau au sort une heure (11 h. du matin) où le Dr Gibert devait *vouloir* de sa clinique que Mme B. tombât endormie au Pavillon... A 11 h. 25, nous entrâmes sans bruit au Pavillon et, presque aussitôt elle descendit de sa chambre au salon, profondément endormie... Le soir, nous dînâmes tous chez le Dr Gibert et celui-ci fit une nouvelle tentative pour l'endormir à distance de sa maison à lui, rue Séry — elle était au Pavillon, rue de la Ferme — et pour la faire venir chez lui par un effort de volonté. A 8 h. 55, il se retira dans son cabinet; MM. Ochorowicz, Marillier, Janet et A. T. Myers allèrent au Pavillon et attendirent au dehors, dans des endroits où on ne pouvait pas les voir de la maison. A 9 h. 22, le Dr Myers aperçut Mme B. sortant à demi par la porte du jardin, puis se retirant de nouveau. Ceux qui la virent de plus près observèrent qu'elle était entièrement à l'état somnambulique, qu'elle allait çà et là en prononçant des mots inarticulés. A 9 h. 25, elle sortit, — autant qu'on put s'en rendre compte, les yeux restèrent fermés tout le temps, — passa rapidement auprès de MM. Janet et Marillier sans les voir et prit le chemin de la maison du Dr Gibert... A 9 h. 45, elle atteignit la rue en face de la maison du Dr Gibert. Là elle rencontra ce dernier sans le remarquer et entra dans la maison, où elle pénétra hâtivement dans toutes les pièces du rez-de-chaussée. Le Dr Gibert dut lui prendre la main pour se faire reconnaître. Alors elle devint calme. (1)

Une des branches les plus curieuses des études hypnotiques est la « suggestion post-hypnotique ». Pour beau-

(1) *Proceedings*, S. P. R., vol. IV, pp. 133-4.

coup de ce ceux qui n'ont jamais rien vu de semblable, les faits sont tout bonnement incroyables. Le quatrième volume déjà cité des *Proceedings* contient un article de M. Gurney, sur les « Particularités de certains états post-hypnotiques ». L'extrait qui suit suffira. M. Gurney écrit : « L'un des sujets que j'ai étudiés récemment ayant reçu l'ordre de tisonner le feu un certain temps après son réveil — ce qui aurait été évidemment une étrange action de sa part si nul ne l'en avait prié — se tourna poliment vers moi, quand vint le moment, et me demanda si je ne voyais pas d'inconvénient à ce qu'il tisonnât le feu. » Un autre sujet reçut dans l'hypnose l'ordre d'éteindre, à son réveil, une bougie à la lumière de laquelle travaillait ma femme, quand je me lèverais de ma chaise pour la quatrième fois. On l'éveilla, et il se mit à causer avec moi de la manière la plus naturelle. Je me levais de mon siège par intervalles, faisant quelques pas dans la pièce, ou m'arrêtais devant le feu pendant quelques secondes, puis je me rasseyais. La quatrième fois, le jeune homme se leva et dit : « Il y a trop de lumière ici » ; mais, au lieu d'exécuter l'ordre, il eut assez de présence d'esprit et de courtoisie pour aller prendre une autre bougie sur une autre table, la placer auprès de celle qu'il devait souffler, puis il éteignit celle-ci. Questionné quelques minutes plus tard, il se souvenait parfaitement de ce qu'il avait fait. » (1)

En 1890, le Conseil de la Société fit paraître une circulaire, qui fut envoyée à beaucoup de monde et qui avait pour titre : « L'Hypnotisme, ses conditions et sa sauvegarde. » Elle a été insérée dans le volume VII des *Pro-*

_____

(1) *Proceedings*, S. P. R., vol. IV, p. 270.

ceedings, son but est exprimé dans la phrase du début :
« Tant de rapports sensationnels et exagérés sur les
effets et les dangers de l'hypnotisme ont paru récemment
dans la grande presse, qu'un exposé bref et sincère de ce
qu'on peut vraiment attendre de l'hypnotisme dans l'état
actuel de nos connaissances, serait peut-être utile.» La circulaire dit : « Il ne faut pas oublier que l'état hypnotique
n'est pas morbide dans le sens ordinaire de ce mot. (1)
Quoique les maux dus probablement à l'hypnotisme aient
été beaucoup exagérés, il y a de sérieux dangers contre
lesquels il faut se garder. Ce n'est certainement pas une
matière avec laquelle il faille jouer. Nul ne devrait se
laisser hypnotiser, excepté dans un but thérapeutique ou
scientifique. Quand l'hypnotisme a été employé dans un
but thérapeutique, le traitement a été souvent utile, toujours inoffensif. Quand il a été employé dans un but d'expérimentation par des mains prudentes, les résultats
ont été également satisfaisants. Les jeunes gens avec
lesquels la Société pour les Recherches psychiques a fait
des expériences nombreuses, ont toujours été et demeu-
rent jusqu'à ce jour dans un état de santé parfaite, physi-
quement et moralement. » (2)

Le douzième volume des *Proceedings* (1896-97) contient deux articles importants du Dr J. Milne Bramwell :
« Phénomènes hypnotiques observés par moi-même » et
« Qu'est-ce que l'hypnotisme ? » Le livre du Dr Charles
Lloyd Tuckey sur « Le traitement par l'hypnotisme et la
suggestion », a eu quatre éditions. La dernière, parue en
1900, est un ouvrage de plusieurs centaines de pages,

(1) *Proceedings*, S. P. R., vol. VII, p. 137.
(2) *Proceedings*, S. P. R., vol. VII, p. 139.

s'adressant principalement aux médecins. Le D'Bramwell et le D' Tuckey ont été tous deux membres du Conseil de la Société pendant de nombreuses années.

Psychothérapie.

Voilà un vaste sujet. La suggestion, sous une de ses nombreuses formes, entre beaucoup plus largement dans les différentes branches de l'art de guérir, orthodoxes ou non, qu'on ne le reconnait généralement. Les traitements ordinaires du médecin en sont pleins et elle joue un rôle même dans les cas exclusivement chirurgicaux. De très curieux exemples peuvent en être rapportés, sur la foi de sir Humphrey Davy, de sir Benjamin Brodie, et d'autres également autorisés. Mais c'est à peine si on a commencé un examen systématique du sujet dans son ensemble. Les faits et les cas n'ont pas encore été convenablement examinés et classés. On a essayé de tirer une ligne de démarcation entre les cas nerveux, c'est-à-dire dus plus ou moins à l'imagination, et les cas où l'organisme était vraiment atteint. On a prétendu que les premiers seulement relevaient du traitement psychique. Mais l'expérience ne justifie pas cette conclusion. Des effets organiques et même des maladies peuvent n'avoir d'autre cause qu'une impression mentale. Il semble donc déraisonnable de rejeter cette idée qu'un traitement mental peut être efficace dans les maladies organiques, même dans les maladies qui, ordinairement, réclament l'intervention du chirurgien, aussi bien que dans les troubles mentaux et dans ce qu'on peut appeler les maladies de l'imagination. Dans l'enquête que fit la Société sur la psychothérapie, deux grandes difficultés se présentèrent.

La première était de s'assurer que le patient était bien
réellement malade, que son cas n'était pas exclusivement
dû aux nerfs et à l'imagination, et que, pour faire disparaître la maladie, il ne suffirait pas de tirer le patient de
son état mental ; évidemment, ce serait encore là de la
psychothérapie, mais ce n'est pas ce qu'on entend ordinairement par ce mot. La deuxième difficulté était d'autre sorte. Bien qu'elle ne l'ait pas explicitement spécifié,
la société ne voulut accorder une valeur de preuves
qu'aux guérisons où le patient avait été soigneusement
examiné par des médecins compétents, avant et après.
C'était agir sagement. Mais cela eut pour effet de res-
treindre considérablement la quantité des preuves. En ce
qui concerne la première difficulté, les résultats obtenus
furent en grande partie négatifs. Un membre de la Société résida pendant quelque temps à Bethshan, une ins-
titution à caractère religieux où s'effectuaient, préten-
dait-on, des cures remarquables. Mais il ne se présenta
pas de cas où l'on pût définitivement être sûr que le traitement psychique avait produit une guérison. Le Dr A. T.
Myers et F. W. Myers allèrent visiter Lourdes ; le résultat fut un rapport qui prit la forme d'un article très tra-
vaillé, intitulé : « Les guérisons par l'esprit, par la foi
et les miracles de Lourdes. » Comme conclusion pro-
visoire des différents groupes de faits par eux rapportés,
les auteurs disent : « Parmi les cas qu'il nous a été
donné d'examiner, il n'en est pas un seul de nature à
convaincre des hommes raisonnables de l'intervention
d'un agent miraculeux, quelque surprenante que la guérison ait pu paraître. Des agents peu connus, quoique
naturels, pour lesquels nous n'avons pas de meilleurs
noms que suggestion et auto-suggestion et dont nous ne

connaissons pas tous les pouvoirs, donnent les mêmes résultats. » (1)

En ce qui concerne la deuxième difficulté, les usages du corps médical et dans quelques cas, il faut bien le dire, les préjugés de ses membres opposèrent une insurmontable barrière aux conditions qu'on s'était imposées. Un exemple frappant en est venu à la connaissance de l'auteur de ces lignes. Dans le cours de ses travaux, il eut à réunir des preuves sur la cure d'une malformation congénitale de la jambe et du pied. Les faits étaient simples. La patiente, qui appartenait à la classe pauvre, avait, depuis son enfance jusqu'à son mariage, fait usage d'appareils orthopédiques, sur l'avis des médecins. Elle avait toujours employé un instrument de fer pour une jambe et n'avait de sa vie acheté une *paire* de chaussures. Après avoir été traitée très peu de temps par un guérisseur australien bien connu, alors à Londres, elle fut capable d'aller et de venir dans sa chambre sans aucun appareil. Peu après, à sa grande joie, elle put acheter une paire de chaussures et marcher assez longtemps sans appareil d'aucune sorte. On avait des témoignages de première main, venant de la jeune femme elle-même, de sa mère qui l'avait portée enfant à l'hôpital, et de son mari. La reconnaissance démonstrative de la mère était tout à fait touchante. Tout ce qu'elle pouvait dire était, presque dans les termes de l'*Ancien Testament* : « Je ne sais qu'une chose, c'est qu'elle était estropiée et que maintenant elle marche. » Après la cure, il fut impossible d'obtenir des attestations de la part des médecins qui avaient soigné la patiente ; ils ne voulurent pas davantage offi-

(1) *Proceedings*, S. P. R., vol. IX, p. 204.

ciellement constater le changement survenu. Ils étaient
pris par ce dilemme : ou bien une guérison remarquable
avait été opérée, ou bien ils s'étaient trompés dans leur
diagnostic pendant plus de vingt ans et avaient inutilement
occasionné à la malade des dépenses considérables de
temps et d'argent et beaucoup d'inquiétude. C'est pourquoi la Société a dû ignorer le cas.

Une maladie dans laquelle le pouvoir de la psychothérapie n'est plus contesté, est la dipsomanie. C'est un
traitement éminemment pratique, qui a donné déjà des
résultats nombreux et remarquables. Vu le peu de place
dont je dispose, je ne puis citer que deux exemples, empruntés tous deux au Dr Bramwell, qui les rapporte dans
un discours à l'assemblée annuelle de 1898 de l'Association des médecins anglais.

6e CAS. — Dipsomanie. — M. E., âge 33 ans, 30 avril
1890. Ascendants intempérants, commença à s'enivrer à
17 ans. En 1884, ses amis lui persuadèrent de se faire
surveiller. Il s'y soumit à trois reprises sans grand résultat. En 1888, il entra dans une maison de santé pour
un an ; mais, à peine sorti, il recommença à boire comme
auparavant. A partir de cette époque, toute peine physique ou morale occasionne une débauche de boisson et cela
lui arrive en moyenne une fois par semaine. Il a été hypnotisé du 30 avril au 17 mai 1890 et n'a pas bu de tout ce
temps. Retourné chez lui, il eut une rechute en moins
d'un mois. Il fut de nouveau hypnotisé quotidiennement
pendant une semaine et depuis lors, juin 1890, jusqu'aujourd'hui, il n'a pas eu de rechute. (1)

7e CAS. — Dipsomanie. — Le patient à 47 ans, ascen-

(1) *Proceedings*, S. P. R., vol. XIV, p, 99.

dants alcooliques. Il a bu à l'excès pendant 17 ans, a eu
trois attaques de *delirium tremens*, sept attaques d'épi-
lepsie. Il a été hypnotisé pour la première fois le 22 avril
1895, et depuis n'a plus bu.

Quelques remarques de M. Myers, dans un discours
qu'il prononça par autorisation spéciale devant la même
association des médecins anglais la même année que le
Dr Bramwell, sont appropriées et suggestives. Ce qui suit
est en partie un résumé et en partie une citation de ce
discours.

La signification essentielle de l'hypnotisme est toujours
la même : un contrôle plus parfait de la plasticité subliminale. Mais comment ce contrôle s'effectue-t-il en fin de
compte ? Comment atteint-on véritablement cette plasticité subliminale, cette *vis medicatrix naturæ*? L'explication purement physiologique est tout à fait insuffisante.
Les hypnotiseurs contemporains s'accordent à dire que
les phénomènes hypnotiques sont dus tous ou à peu près
à la suggestion. Nous n'avons pas à les contredire, mais
nous devons nous efforcer de découvrir ce que ce mot
suggestion peut bien signifier. Il est une chose que ce
mot ne peut sûrement pas signifier, c'est la simple et ordinaire persuasion. Le docteur Bramwell n'est pas la
première personne qui ait conseillé à un ivrogne de ne
plus boire. S'il réussit à réformer un pareil patient, c'est
parce qu'il s'est arrangé de manière à toucher non sa raison supraliminale, mais sa plasticité subliminale. Il a mis
en mouvement quelque faculté intelligente de l'organisme
de l'homme, laquelle somnolait jusqu'à ce moment et qui
a un pouvoir de guérir plus grand que la volonté consciente. Comment a-t-il fait cela? Ou il a infusé de l'énergie ou il en a simplement éveillé. Ou bien il a, par quel-

que mystérieuse influence, donné de la force, ou bien il a mis à jour quelque source d'énergie qui se trouvait déjà en l'homme. En dessous du seuil de la conscience normale, non seulement ont lieu inconsciemment des opérations organiques complexes, mais encore se trouve une intelligence qui contrôle les phénomènes vitaux. Incorporer cette intelligence profonde à notre volonté consciente, tel est le grand but à atteindre et sur la voie duquel nous met l'hypnotisme.

M. Myers cherche à mieux se faire comprendre par la comparaison suivante :

« Dans ma conscience normale, je ressemble à un propriétaire d'usine qui ignore sa machinerie. Mon contremaître — mon moi subliminal — me tisse un nombre donné de mètres d'étoffe par jour, les opérations vitales ordinaires. Si je désire un modèle un peu plus compliqué, j'ai à crier mes ordres au milieu du bruit des machines et deux ou trois ouvriers subalternes sont seuls à m'entendre, et ils changent un peu au hasard le mouvement de leur métier. Tels sont les résultats, confus et capricieux, qu'on obtient d'abord le plus ordinairement par la suggestion hypnotique. A certains intervalles le contremaître arrête presque tous les métiers et se sert de l'énergie, ainsi rendue disponible, pour huiler et réparer toute la machinerie. Dans ma comparaison, c'est là le sommeil; cela deviendra le somnambulisme hypnotique, si je puis amener le contremaître à arrêter encore un plus grand nombre de métiers, à sortir de son cabinet et écouter mes ordres — mes auto-suggestions — au sujet des réparations. Pour nous, les propriétaires, la question est donc celle-ci : comment parvenir à nos contremaîtres, puissants, mais éloignés ; comment donner des suggestions efficaces à nos moi subliminaux. Ici je crois que nous sommes au bout de notre théorie. Nous devons prendre conseil de l'expérience, non seulement de l'hypnotisme, mais encore de tous les cas où l'auto-suggestion s'est montrée capable de détruire ou d'adoucir les souffrances et les peines morales d'un grand nombre d'hommes. » Et, faisant allusion aux « formes populaires de l'auto-suggestion », à la source guérissante de Lourdes, à la prétendue « Science chrétienne », qui en sont comme les types, M. Myers conclut en disant : « Enfin, si en dessous du fanatisme et de l'extravagance des hommes cherchant un adoucissement à leurs maux, luit un peu de vérité, la science doit s'approprier cette vérité-là aussi, l'utiliser, la séparer du faux, l'interpréter. Par une méthode quelconque — et l'expérimentation souvent répétée et soigneuse est certainement la meilleure — la science doit soumettre à ses desseins cette intelligence qui contrôle les phénomènes vitaux, cette réserve d'énergie qui gît en dessous du seuil et travaille obscurément à l'évolution de l'homme. » (1)

(1) *Proceedings*, S. P. R.. vol. XIV, p. 108.

CHAPITRE IV

Ce fut indubitablement un parti très sage que celui que la Société prit à ses débuts, de consacrer tout d'abord la plus grande part de son attention et de ses efforts aux branches des recherches psychiques qui sont, pour ainsi dire, à peine en dehors des limites de la science et de la littérature orthodoxes. On diminuait ainsi la quantité et l'intensité de l'opposition que les travaux de la Société devaient fatalement rencontrer; en outre le fossé qui, dans l'esprit de beaucoup de gens, sépare les recherches psychiques des recherches physiques se trouva rétréci, sinon comblé. La lecture de pensées, la télépathie, le mesmérisme et l'hypnotisme attirèrent donc la plus grande part de son attention. Il est vrai que parmi les premiers comités nommés s'en trouvait un pour les « Maisons hantées », Mais la Société orientait surtout ses travaux du côté de la télépathie ou de l'hypnotisme. Le fait capital de la télépathie fut définitivement prouvé. La réalité des divers phénomènes de l'hypnotisme était indiscutable. Ce que j'ai dit aux chapitres II et III justifie ces affirmations. Il devint bien vite évident qu'au-delà de la télépathie et de l'hypnotisme, il existait une région à peu près inconnue, un fouillis de faits et de phénomènes, ne faisant partie

d'aucun système, quelques-uns en apparence isolés, totalement ignorés par la science et la philosophie ou n'ayant
aucune connexion avec les branches ordinaires de nos
connaissances. C'est à l'exploration et à l'étude de ce
monde nouveau que M. F. W. H. Myers se dévoua.

Dans une série de quatre mémoires parus dans les
Annales de la Société, M. Myers entra dans la voie qui
devait pas à pas le conduire à la conclusion que l'on sait.
Cette conclusion peut être formulée ainsi, à peu près dans
les termes de son auteur : Le courant de conscience dans
lequel nous vivons habituellement n'est pas la seule conscience qu'il y ait en nous. Notre conscience ordinaire peut
ne consister que dans un choix fait parmi une multitude
de pensées et de sensations. Notre moi ordinaire de la
veille s'est montré le plus apte à faire face aux besoins
de la vie ordinaire. Mais d'autres pensées, d'autres sentiments, d'autres souvenirs, isolés ou formant des séries,
peuvent former une partie de notre individualité totale.
Il se peut que dans un temps futur indéterminé et dans
d'autres conditions, nous nous rappelions le tout et que
les diverses personnalités se fondent et se combinent en
une seule conscience, dont la conscience qui présentement
dirige nos actions ne serait qu'un élément parmi beaucoup d'autres. Cette série d'articles parut dans les *Proceedings* de 1884 à 1889 et occupe en tout 160 pages. En
1892, M. Myers commença la publication d'une seconde
série sous ce titre : « Le Moi subliminal ». Ceux-ci parurent de 1892 à 1895, comprennent 9 chapitres et n'occupent pas moins de 616 pages.

Pour expliquer mieux encore son hypothèse, M. Myers
dit :

« Ce que je suggère est que chacun de nous est en

4

réalité une entité psychique beaucoup plus étendue qu'il
ne croit — une individualité qui ne s'exprime jamais en
entier dans aucune manifestation physique. Le moi se
manifeste par l'organisme ; mais il y a toujours une partie du moi qui ne se manifeste pas et toujours quelque
puissance d'expression organique qui demeure en réserve.
L'artiste ne peut pas exprimer toutes ses pensées sur
l'instrument et en outre l'instrument n'est pas disposé de
manière que tout le clavier puisse résonner à la fois. On
peut y jouer une mélodie après l'autre ; mieux encore —
comme dans les appareils télégraphiques à transmission
double ou multiple — on peut y jouer simultanément ou
avec de légers intervalles plusieurs mélodies ; mais il demeure toujours des réserves musicales inépuisées, des
trésors de pensées inexprimées. Toute cette action psychique, à mon avis, est consciente , tout est compris
dans une mémoire latente et vaste qui est au-dessous du
seuil de notre conscience normale. Pour tout ce qui est
en dessous de ce seuil, le mot *subliminal* semble le meil·
leur.

« Inconscient » et même « subconscient » nous égare-
raient ; quant à parler, comme on le fait quelquefois par
commodité, d'un moi second, cela peut donner l'impression ou qu'il ne peut pas y avoir plus de deux « moi » ou
que le *moi supraliminal,* le moi au-dessus du seuil, le
moi *empirique,* le moi de notre vie ordinaire, est en quelque manière supérieur aux autres moi possibles. »

Parmi les facultés mal connues et non développées qui,
en adoptant cette manière de voir, peuvent être considérées comme des manifestations du « moi subliminal », on
peut énumérer l'écriture, le dessin, le langage automa·
tiques, la crystalloscopie, quelques rêves, des visions

lucides et les moyens par lesquels s'exécutent diverses formes de suggestion. Parmi ces diverses facultés, celle de l'écriture automatique semble pour le moment la plus facile à exercer et à développer. Un peu de patience et de persévérance suffirait probablement à mettre un assez grand nombre de personnes en état d'écrire automatiquement. Cette écriture a toutefois ses dangers et il ne faut jamais s'y adonner sans précautions : avis surtout aux jeunes personnes sensitives ou trop imaginatives. Elle fascine et, si on n'y prend garde, on tombe vite dans l'excès ; puis il y a le danger d'attacher trop d'importance aux choses ainsi écrites et d'amener un état mental morbide.

Le langage automatique a existé et existe toujours sur une échelle beaucoup plus grande qu'on ne le croit. Parmi les petites sectes religieuses, beaucoup de sermons et d'exhortations ont probablement été de cette nature. Il en était ainsi surtout parmi les quakers. Le profond silence au milieu duquel s'écoulait autrefois la plus grande partie du temps consacré à leurs assemblées religieuses, l'absence complète d'arrangements préalables, étaient des conditions éminemment favorables à l'exercice d'un « don » de cette nature. Il n'est pas surprenant que des discours ainsi prononcés fussent attribués à une influence exercée par le Saint-Esprit lui-même sur l'âme d'un individu. L'élévation et le style de sermons qui étaient courants parmi les quakers jusqu'à environ cent ans en çà, étaient fréquemment bien au-dessus de ce que l'orateur était capable de produire dans son état normal. De même aujourd'hui beaucoup d'écrits automatiques sont en apparence au-dessus de ce que l'individu pourrait produire en temps ordinaire. De nos jours, le langage automatique

existe surtout parmi les spirites, principalement dans le
nord de l'Angleterre. On l'attribue généralement à l'ins-
piration directe des esprits, principalement aux esprits
de nos amis décédés.

L'un des plus remarquables « discoureurs automatiques » — pour parler le langage des chercheurs psychiques — ou des « médiums inspirés » — pour parler le
langage des spirites — est M. J. J. Morse, que l'auteur
de ces lignes connaît personnellement à peu près depuis
ses débuts. J. J. Morse est le fils d'un aubergiste londo-
nien qui était à son aise. A quatre ans, il perdit sa mère.
Entre huit et neuf ans, il perdit son père, lequel dans
l'intervalle s'était ruiné. On le confia aux soins d'une
femme dont la principale inspiratrice était la bouteille et
le principal procédé pédagogique, le bâton. Il se sauva
et, à l'âge de moins de dix ans, il eut à ne compter que
sur lui-même ; à cette époque, il avait eu six mois d'école
et il n'en eut plus depuis. A quatorze ans, il était à l'avant
d'un bateau charbonnier trafiquant entre Whitby et Londres. A la suite d'un accident grave, il est remercié et se
trouve sur le pavé de Londres avec six sous dans sa poche.
Il passe six mois à l'infirmerie d'un asile pour indigents.
Après son rétablissement, il trouve du travail dans quelques restaurants. De curieuses circonstances le font
assister à une séance spirite. Peu après, il se met pour la
première fois à écrire automatiquement. Il était en train
de nettoyer des pots d'étain avec du sable mouillé, quand
son doigt se mit à griffonner dans le sable ces deux
mots : « ta mère. »

Bientôt il obtint avec un crayon des phrases suivies et
se trouva également, peu après, parler automatiquement.
A cette époque, James Burns, qui était alors le principal

libraire spirite de Londres, fit sa connaissance et lui donna un emploi permanent. Ses progrès dès lors furent assurés et rapides et, pendant les quinze ou vingt dernières années, il s'est acquis une renommée presque universelle par sa faculté de parler automatiquement. Pendant qu'il faisait une tournée professionnelle aux États-Unis avec engagement, il devint membre de la branche américaine de la Société pour les recherches psychiques. Mais il est à regretter que la Société anglaise ne lui ait accordé aucune attention.

Il faudrait bien se garder de confondre la faculté de parler automatiquement avec la faculté d'improviser; on peut aisément acquérir cette dernière en préparant son sujet. Quelquefois il est assez difficile de tracer la ligne de démarcation; mais l'une est acquise et l'autre, au contraire, est absolument spontanée. Le discours ou l'écriture automatiques sont souvent accompagnés d'un état d'absolue inconscience de la part des sens ordinaires. Ces remarques sur l'écriture et le langage automatiques n'impliquent nullement que des communications ne nous sont jamais données par ce moyen par des personnalités invisibles. M. Myers lui-même a été amené à la conclusion qu'il y avait des cas où aucune autre explication n'était satisfaisante. Mais ce point sera envisagé plus tard. En tout cas, quiconque étudie avec soin et longuement le phénomène, se convainc bien vite que les origines de ces discours et de cette écriture automatiques sont diverses.

Il est possible et, à un certain point de vue, il est raisonnable de supposer que cet automatisme chez le « médium » offre aux intelligences extérieures des facilités de communication plus grandes que les sens ordi-

4.

naires. Mais on ne peut assigner une origine aux messages ainsi obtenus, qu'en les examinant eux-mêmes.

Ceux qui savent dans quel esprit on envisageait les
phénomènes occultes il y a vingt ans, se rendront aisément compte du grand changement qui s'est opéré, aussi
bien chez la masse que chez les spirites. Ce résultat est
en grande partie dû aux travaux de la Société pour les
Recherches psychiques et, en particulier, à ceux de
M. Myers. Là où il n'y avait que chaos et broussailles,
au point que les faits réels et la fiction semblaient ne
pouvoir être jamais démêlés, nous commençons à entrevoir l'ordre, les systèmes, la loi.

Jusqu'à quel point la vérité, une fois connue, confir-
mera-t-elle l'hypothèse de Myers d'un « moi subliminal »,
il est encore trop tôt pour l'entrevoir. M. Myers lui-
même aurait été le dernier à accorder trop d'importance
aux opinions qu'il a exposées, lesquelles jusqu'à ce jour
ont été peu examinées par des hommes compétents,
excepté par ses collaborateurs. En attendant, les remarques suivantes de deux de ces derniers — le professeur
William James, un des anciens présidents de la Société, et
sir Olivier Lodge, membre de la Société royale, son président actuel — peuvent présenter de l'intérêt. Après avoir
raconté comment fut accueilli le conseil qu'il donnait à
quelques-uns de ses amis d'accorder quelque attention à
certains phénomènes qui sont en dehors de leurs études
ordinaires, le professeur William James dit : « Je n'au-
rais pas perdu mon temps à raconter ces anecdotes, si
elles ne peignaient l'état d'âme de notre temps, état
d'âme qui — grâce à Myers plus qu'à aucun autre —
sera certainement impossible après la génération présente.
Le grand principe d'investigation de Myers était que,

pour comprendre un certain ordre de faits, il fallait examiner aussi tous les autres faits qui semblaient apparte-
nir à la même classe. Ainsi il prit une masse de phénomènes éparpillés, quelques-uns reconnus comme exacts,
d'autres entièrement bannis de la science, ou traités
comme des curiosités isolées; il en fit des séries, remplit
les intervalles par des hypothèses ou des analogies
délicates et les réunit tous ensemble en un système
par son audacieuse conception d'un moi subliminal, de
sorte qu'aujourd'hui nul ne peut tirer sur une partie
quelconque du réseau sans que tout le reste suive.
Les termes dont les psychologues s'étaient jusqu'alors
contentés pour désigner ces phénomènes, tels que
« fraude », « résidu », pourriture », ne seront pas plus
possibles dorénavant que le mot « saleté », en tête d'un
chapitre de chimie, ou le mot « vermine », en tête d'un
chapitre de zoologie. Qu'ils soient ce qu'ils voudront, ces
phénomènes ont le droit d'être définis et observés avec
soin. La conception de Myers d'un « moi subliminal »
très étendu révolutionne entièrement les vieilles conceptions classiques sur l'esprit. La région « supraliminale »
comme il l'appelle, n'est, d'après sa théorie, qu'une bande
étroite du spectre psychique. Ce n'est là qu'une phase
spéciale, produite sous l'influence du milieu, et formant
ce qu'il appelle un « cas privilégié » de personnalité. Le
« subliminal », qui est en dehors, représente d'après lui
bien plus complètement notre être intime et persistant.
Je trouve ces mots « supraliminal », « subliminal »,
malheureux, mais ils étaient probablement inévitables. Je
crois aussi que pour persuader la génération prochaine
de psychologues de l'étendue et de l'ubiquité du « subliminal », il faudra un plus grand nombre de faits qu'il

n'en à fallu à Myers... Quelle est la constitution exacte du « subliminal » ? Tel est le problème qui mérite de figurer dorénavant dans la science sous le nom de « problème de Myers ». Mais Myers ne s'est pas borné à le poser, il a aussi inventé des méthodes pour le résoudre. La suggestion post-hypnotique, la crystalloscopie, l'écriture et le langage automatiques, etc., sont maintenant, grâce à lui, autant d'instruments de recherche, autant de manières de mettre le « subliminal » « en perce ».

« Quand on descend dans les détails, on ne peut s'empêcher d'admirer la grande originalité avec laquelle Myers a su former un tissu avec tous ces phénomènes étrangement hétéroclites. La cérébration inconsciente, les rêves, l'hypnotisme, l'hystérie, les inspirations du génie, la planchette, la crystalloscopie, les voix hallucinatoires, les apparitions des mourants, la « trance » des médiums, a possession démoniaque, la lucidité, la transmission de pensée, même les fantômes et d'autres faits moins certains — tout cela forme un chaos, à première vue décourageant. Rien d'étonnant à ce que les savants n'y veuillent voir aucun autre principe d'unité que la perverse propension de l'homme à la superstition. Néanmoins Myers en a fait un système, les a rattachés par une hypothèse très acceptable, vérifiée dans quelques cas, rendue admissible dans les autres par l'analogie. » (1)

Sir Oliver Lodge de son côté dit :

« C'était là ce que ..yers faisait réellement durant le dernier quart du siècle. Il posait les fondements d'une philosophique cosmique, d'une conception de l'être aussi

_____

(1) *Proceedings*, S. P. R., vol. XVII, pp. 15-18.

large et bien fondée qu'aucune de celles qui l'ont précédée... Tout philosophe doit connaître une masse de faits embrouillés ; le philosophe est celui qui, en dessous d'eux tous, reconnaît un principe unique qui les rattache. Il y a cinquante ans, même les faits de l'hypnotisme n'étaient pas reconnus par la science orthodoxe. Ils n'étaient étudiés que çà et là, presque en cachette, par quelques amants de la vérité, assez audacieux et assez intelligents pour oser voir avec leurs propres yeux. Mais ces chercheurs ne pouvaient publier leurs observations qu'avec peine et beaucoup d'entre elles ont été perdues par crainte du ridicule. Aujourd'hui tout cela a changé, non pas autant qu'il le faudrait ; mais des faits jadis considérés comme occultes sont maintenant étudiés et publiés dans toute l'Europe. Je prétends que Myers a posé des fondations sur un terrain beaucoup plus solide qu'aucun autre avant lui. » (1)

En outre de la part qu'il prit à la rédaction des *Fantômes des Vivants*, et des articles publiés dans les *Annales* de la Société, M. Myers a laissé un ouvrage inachevé intitulé : *La personnalité humaine et sa survie à la mort du corps*. Cette œuvre a été publiée par le D*r* Richard Hodgson et Miss Alice Johnson et contient les dernières vues de Myers sur le « moi subliminal ». Dans une annonce du livre il est dit :

« Ce travail a pour but de présenter sous une forme harmonieuse la masse des preuves, expérimentales et autres, qui semblent indiquer une faculté humaine opérant en dessous du seuil de la conscience ordinaire pendant la vie sur la terre et continuant à opérer après la

(1) *Proceedings*, S. P. R., vol. XVII, pp. 2-4.

mòrt du corps. Parmi les sujets traités dans ce livre, se
trouvent les personnalités alternatives, l'hystérie, le génie, le sommeil, les rêves, l'hypnotisme, les apparitions,
la crystalloscopie, l'écriture automatique, la « trance »,
la possession, l'extase, la vie après la mort. »

Ce chapitre a été nécessairement plus intimement as-
socié qu'aucun autre avec le nom de M. Myers.

CHAPITRE V

I. — *Les Apparitions*

En 1886, quatre ans après l'établissement de la Société un ouvrage considérable, auquel j'ai déjà fait allusion, fut publié en deux volumes, sous le titre de *Fantômes des vivants*. Les noms d'auteurs portés sur la couverture étaient : Edmond Gurney, F. W. H. Myers et F. Podmore. Depuis quelques années l'édition est épuisée et les exemplaires d'occasion sont cotés un prix très haut. La préface dit qu'une grande partie des faits contenus dans l'ouvrage fut envoyée aux auteurs à cause de leur qualité de représentants de la Société pour les recherches psychiques et que le livre fut publié avec l'assentiment du Conseil de la Société. Dans l'Introduction, écrite par M. Myers seul, il est dit : « L'objet de ce livre ne peut pas être expliqué dans un titre forcément très bref. Sous ce titre, en effet, de « Fantômes des Vivants », nous nous proposons de traiter toutes les classes de faits où un esprit humain en a affecté un autre sans parole, sans écriture et sans signe d'aucune sorte ; l'a affecté, dis-je, par d'autres moyens que la voie des sens ordinaires.

« Mais pour des raisons qui deviendront évidentes au

fur et à mesure que nous avancerons, nous avons inclus parmi les phénomènes télépathiques une vaste classe de faits qui, à première vue, semblent impliquer quelque chose de bien différent d'une simple transmission de pensée. Je veux parler des apparitions, en excluant il est vrai celles qui seraient dues à des morts et en n'admettant que celles de personnes encore en vie, autant que nous connaissons la vie, bien que ces personnes puissent être sur la marge extrême de la dissolution physique.»

Sept cent deux cas numérotés sont décrits dans le livre. Ils ont été choisis parmi un nombre bien plus grand de cas envoyés à la Société et peuvent être considérés comme accompagnés de preuves suffisantes pour garantir leur authenticité. Environ 400 sur les 700 sont classés comme *visuels*, c'est-à-dire comme des apparitions dans le sens ordinaire du mot, dont le trait principal est ordinairement de présenter une forme humaine. Je n'ai de place que pour quatre cas, à titre d'exemples ; nécessairement je résume un peu les rapports primitifs.

Cas 163. — Du révérend W. J. Ball, 6, Pemberton Terrace, Cambridge. — » Quand j'étais au collège, j'avais un camarade intime que j'aimais beaucoup, R. F. Dombrain. Nous espérions partir tous deux comme missionnaires. Il fut atteint d'une très mauvaise fièvre. A la fin il se rétablit et retourna à Dublin. Tel était l'état des choses quand j'allai dans le comté de Limerick, au printemps de 1853. Les lettres de mon ami m'annonçaient une constante amélioration. Je me sentais sûr de son rétablissement définitif. Le matin du 11 avril je fis le rêve le plus intense que j'aie jamais fait. Il me sembla que je me promenais avec le jeune Dombrain dans un beau paysage, quand tout à coup je fus réveillé par une sorte

de lumière apparaissant devant moi. Je me dressai sur
mon lit et vis devant moi, avec son habit et son attitude
ordinaires, mon ami, qui semblait passer de la terre à la
lumière d'en haut. Il me sourit affectueusement et je sentais dans son regard un je ne sais quoi qui me disait
adieu. Je sautai du lit et criai à haute voix : « Robert !
Robert ! » mais la vision s'était évanouie. Je regardai ma
montre : il était cinq heures cinq... J'écrivis à ma sœur
demandant des détails et l'heure exacte de la mort ; car
pas un instant je ne la mis en doute. Le lendemain matin,
je reçus une lettre de ma sœur me disant qu'à cinq heures trois minutes, il s'était éteint doucement.

Cas 207. — De Mme Larcombe, 8, Runton Street,
Hornsey Rise, Londres N. — « A l'âge de 18 ou 19 ans,
j'allai résider à Guernesey. Il y a de cela environ 30 ans.
Un jour, vers dix heures du matin, j'étais assise dans la
cuisine en train de souffler le feu. J'entendis de très belle
musique et me mis à écouter en jetant un regard autour
de moi. Je vis au-dessus de moi des milliers d'anges,
serrés les uns contre les autres. Ils n'étaient visibles que
de la tête aux épaules. Devant eux, je vis mon amie Anne
Cox. Pendant que j'écoutais, la musique sembla se perdre dans l'éloignement et les anges semblèrent s'éva-
nouir comme de la fumée. Je courus auprès de Miss
White, la jeune dame habitant la maison, et lui dis ce
que j'avais vu. Elle me dit : « Vous pouvez être sûre que
votre amie Anne Cox est au ciel. » J'écrivis aussitôt à
Lyme Regis : Anne Cox était morte ce jour même. Nous
étions des amies très intimes ; nous avions le même âge
et elle était pour moi presque une sœur. » Mme Larcombe
affirme qu'elle ignorait la maladie de son amie et qu'elle
était sans inquiétude à son endroit.

CAS 212. — De Rowland Bowstead, docteur en médecine, Caistor. « En septembre 1847, je prenais part
à un match de cricket. Une balle fut lancée dans ma
direction et sauta au-dessus d'une haie basse. Un autre
jeune homme et moi courûmes derrière. En arrivant près
de la haie, je vis l'apparition de mon demi-frère que j'aimais beaucoup, vêtu en chasseur, un fusil sur le bras ;
il me sourit et me fit un signe de la main. J'appelai l'attention de l'autre jeune homme sur le fantôme, mais
quand nous regardâmes, il avait disparu. Me sentant très
triste, j'allai chez mon oncle et lui dis ce que j'avais vu.
Il sortit sa montre et nota le temps, juste une heure moins
dix minutes. Deux jours après, je reçus une lettre de
mon père m'annonçant la mort de mon demi-frère, John
Mounsey, mort qui avait eu lieu à Lincoln, à dix heures
une minute. Sa mort eut quelque chose de singulier, car
ce matin-là il déclara se sentir beaucoup mieux et se crut
capable d'aller encore à la chasse. Prenant son fusil, il
se tourna vers mon père, lui demandant s'il m'avait en-
voyé chercher, car il désirait particulièrement me voir. Il
m'aimait beaucoup. Mon père répondit que j'étais trop
loin, à 100 milles environ, et que cela coûterait trop
cher. A ces mots, il se mit en colère et dit qu'il me ver-
rait en dépit d'eux tous et qu'il ne se souciait ni de la dé-
pense, ni de la distance. Aussitôt un anévrisme se brisa
dans les poumons et il mourut sur-le-champ. A ce mo-
ment-là il était vêtu en chasseur et avait un fusil sur le
bras. Je savais qu'il était malade, mais il allait mieux :
sa maladie était la phtisie. »

CAS 242. — Mme Clerke, Clifton Lodge, Farquhar
Road, Upper Norwood, London S. E. — « Au mois d'août
1864, à trois ou quatre heures de l'après-midi, je lisais,

assise sous la véranda de notre maison, aux Barbades.
Ma nourrice noire promenait ma petite fille, âgée de
18 mois environ, dans le jardin. Au bout d'un instant je
me levais pour rentrer dans la maison, n'ayant rien re-
marqué d'anormal, quand la négresse me dit : « Madame,
quel était donc le monsieur qui vous parlait tout à
l'heure ? » Je répondis : « Personne ne m'a parlé. — Oh !
si, Madame, un monsieur très pâle, très grand ; il vous
parlait et vous, vous avez été très impolie, vous ne lui
avez rien répondu. » — Je répétai qu'il n'y avait eu personne et me fâchai presque, mais la nourrice me pria de
noter le jour parce qu'elle était sûre d'avoir vu quelqu'un.
Je le fis, et quelques jours après j'appris la mort de mon
frère à Tabago. Le côté curieux est que je ne le vis pas,
alors que la nourrice — une étrangère — le vit ; il semblait, dit-elle, très anxieux de faire remarquer sa présence. » En réponse à certaines questions, Mme Clerke
ajouta qu'elle était sûre que le jour de la mort coïncidait
avec celui de l'apparition, car elle l'avait noté. La description « très grand et pâle » était exacte. Elle ne savait
pas son frère malade. La négresse ne l'avait jamais vu.
Celle-ci était au service de Mme Clerke depuis 18 mois
environ et lui fit la remarque au hasard. Le colonel
Clerke, mari de Mme Clerke, écrit qu'il se souvient très
bien de l'incident à propos de son beau-frère, M. John
Beresford, qui mourut à Tabago et de la déclaration de
la nourrice d'avoir vu, au moment de la mort, un monsieur dont le signalement répondait à celui de M. Beresford, s'appuyer sur le fauteuil de Mme Clerke, sous la
véranda.

Un seul exemple des derniers cas réunis par la Société
suffira. Ce cas est presque unique et présente diverses

caractéristiques. Il est tout récent ; si récent, en fait, qu'il est impossible de donner les noms des personnes et des localités et qu'on doit même omettre certains détails. Il se trouve rapporté au long dans les *Proceedings de la Société*, vol. XI, pp. 547 à 559. M. Myers, qui l'a inclus dans un de ses articles, affirme que les véritables noms lui sont tous connus et il se porte garant de l'authenticité de l'histoire. En voici les principaux détails : Mme Claughton est une veuve, appartenant au meilleur monde, et ayant eu plusieurs apparitions. Elle avait reçu ainsi des renseignements, mais n'y avait pas attaché grande importance et n'en avait pas cherché de nouveaux. Quant à l'aventure dont il s'agit ici, elle avait essayé de la tenir secrète ; mais des versions vagues et inexactes en ayant circulé, elle consentit à en écrire elle-même la relation pour le marquis de Bute et, par l'intermédiaire de celui-ci, pour la Société, laissant de côté certains détails concernant des personnes vivantes. En visitant une maison de Londres qu'on disait hantée, elle vit deux fois un fantôme, une dame qu'elle ne connaissait pas et qui lui donna beaucoup de détails qu'elle ne connaissait pas davantage, mais qui se trouvèrent exacts quand la vérification fut possible. La deuxième fois le fantôme d'un homme s'y trouvait aussi, « de haute taille, brun, bien fait, plein de santé, environ 60 ans, portant la tenue en usage dans le jour, expression douce et bienveillante ». Une longue conversation s'engagea entre les trois personnages (les deux fantômes et la visiteuse) où des renseignements et des demandes diverses furent formulées. L'homme dit être George Howard, enterré au cimetière de Meresby ; il donna la date de son mariage et celle de sa mort. Il pria Mme. Claughton d'aller les vérifier à Meresby dans les registres, puis d'aller dans l'église, d'attendre auprès de la tombe d'un Richard Hart, dont on indiqua l'âge et la date de la mort, détails qu'elle devait vérifier dans les registres. Cet endroit et toutes ces personnes étaient inconnus à Mme Claughton. Le fantôme de l'homme, alors, indiqua plusieurs incidents qui se produiraient. On ne demanderait pas à Mme Claughton son billet de chemin de fer. Elle devait l'envoyer avec une rose blanche, prise sur la tombe, au Dr Ferrier. Un Joseph Wright, un homme brun, l'aiderait. Elle logerait chez une femme qui lui raconterait qu'elle avait une enfant, morte noyée, enterrée dans le même cimetière. On lui dit qu'ensuite d'autres renseignements lui seraient donnés.

Le lendemain matin, Mme Claughton envoya chercher le Dr Ferrier qui corrobora certains détails. A la poste on lui dit que Meresby existait bien, que c'était un petit village distant de Londres d'environ 4 ou 5 heures de chemin de fer. Mme Claughton prit ses mesures pour aller à Meresby le samedi suivant, après-midi. Dans la nuit du vendredi, elle rêva qu'il y avait une foire et qu'il lui fallait chercher longtemps un logement. Tout cela arriva bien ainsi ; mais à la fin elle trouva à se loger chez Joseph Wright, qui se trouva être le secrétaire de la paroisse (*parish clerk*). Dans la confusion de l'arrivée son billet de chemin de fer ne lui fut pas réclamé. Le même soir elle fit demander au vicaire — le curé trop vieux n'exerçait plus — la permission de consulter les registres. Celui-ci dînait dehors et il ne put la recevoir ce soir-là, mais il lui fit dire qu'il serait heureux de lui présenter les registres le dimanche après le service du matin. Le dimanche matin, Mme Wright lui parla d'une enfant

à elle, morte noyée, qui était enterrée au cimetière.
Mme Claughton assista au service religieux du matin et,
aussitôt après, alla dans la sacristie et consulta les
registres. Elle décrivit George Howard à Joseph Wright
et celui-ci lui montra la tombe de celui-là ainsi que celle
de Richard Hart. Sur la première il n'y avait pas de
pierre, mais la tombe était entourée d'une grille couverte
de roses blanches. Mme Claughton en cueillit une pour
le docteur Ferrier, comme on le lui avait ordonné. Elle
causa et fit un tour avec le vicaire qui « n'était pas sym-
pathique ». En effet, il refusa de l'aider plus longtemps,
mais dit au secrétaire de la paroisse qu'il en pouvait faire
à sa guise en ce qui concernait l'admission de la dame
dans l'église pendant la nuit. Celui-ci se mit aux ordres
de Mme Claughton. Il l'appela à une heure moins le
quart du matin et la conduisit à l'église. Ils en fouillèrent
l'intérieur et ne trouvèrent personne. Dans le rapport
donné au marquis de Bute par Mme Claughton, elle dit
qu'à 1 heure 20 du matin elle se trouvait seule enfermée
à clef dans l'église, sans lumière. Elle attendit auprès de
la tombe de Richard Hart. Elle n'éprouvait aucune crainte.
Elle reçut une communication dont elle est forcée de ne
pas divulguer les détails, mais elle eut la suite de l'histoire qu'on avait commencé de lui raconter à Londres. On
lui ordonna de cueillir une autre rose blanche sur la
tombe de George Howard et de l'offrir personnellement
à la fille célibataire de celui-ci, qui résidait à Hart Hall,
et de remarquer combien elle ressemblait à son père.
Vers 1 heure 45, Joseph Wright frappa et rendit à
Mme Claughton sa liberté. Elle alla aussitôt sur la tombe
de George Howard et cueillit une rose pour Mlle Howard,
comme on le lui avait demandé. Ensuite elle alla se cou-

cher et dormit bien, pour la première fois depuis le commencement de cette histoire.

Voici la copie des notes prises par Mme Claughton avant son voyage. M. Myers, qui en a vu le manuscrit, ne doute pas de leur authenticité : « Aller à Meresby. On ne me demandera pas mon billet de chemin de fer. Le nom du portefaix commencera par K. Demander le registre des mariages pour George Howard. Le dernier jour, trouver le nom de Mme T. Trouver, dans le cimetière, la tombe aux roses blanches. Envoyer une rose blanche au docteur Ferrier. En arrivant à Meresby, demander M. Francis. Un homme brun, Wright, corpulent, au teint frais de santé, m'aidera pour ce que j'ai à faire. Trouver dans l'église la tombe de Richart Hart. Vérifier la demeure de M. Howard. Vérifier le village — une foire y aura lieu alors. L'église se trouve isolée et assez loin. Descendre chez une femme dont le fils est enterré dans le même cimetière que M. Howard. Attendre dans l'église auprès de la tombe de M. Hart. Un homme brun — Wright — m'y mènera. » (1)

M. Myers accompagne ces notes des remarques supplémentaires que voici : « Quant à la troisième phrase : « son nom sera le nom de baptême d'une des filles de Mme Claughton », cela s'est trouvé exact. — Le monsieur ainsi désigné (M. Francis) était impliqué dans les affaires privées ; cela se trouva être comme on l'avait prédit. — Il y avait bien une foire à Meresby, comme on l'avait prédit. — « Trouvé exact » (l'isolement de l'église). — « Trouvé, une fois à la maison, que le garçon était bien enterré ainsi. » (1)

(1) *Proceedings*, S. P. R., vol. XI, p. 553.

Dans le compte rendu de ce cas, qui occupe 12 pages des *Annales* de la Société, se trouvent plusieurs autres attestations et lettres, y compris une de M. Andrew Lang, qui a reçu une relation de l'affaire, écrite en partie par le docteur Ferrier, en partie par la femme de celui-ci. Le docteur Ferrier se rattache à l'histoire en qualité de gérant de la maison où Mme Claughton vit les apparitions.

II. — *La Hantise.*

Par commodité on peut définir la hantise : un phénomène se rattachant à certains lieux déterminés, comprenant des apparitions, des visions et des bruits de nature diverse. Les *Mémoires* de la Société contiennent la description d'un grand nombre de cas accompagnés de preuves absolument concluantes, établissant qu'il s'agit d'un phénomène échappant à toutes les explications ordinaires. Le plus remarquable de ces cas de « Maisons hantées » est longuement décrit sous ce titre : « Rapport sur une maison hantée, par Mlle Morton. (1) » Pour plusieurs raisons on a dû ne pas donner le nom véritable de la famille et on lui a substitué celui de Morton, mais tous les autres noms et initiales sont les véritables. Voici les principaux détails de l'histoire :

« La maison est une résidence moderne ordinaire, entourée de jardins qui en dépendent, et séparée de la route par une grille et une allée pour les voitures. Elle a été bâtie en 1860. Pendant sept ans, de 1882 à 1889, la hantise continua ; le phénomène le plus fréquent était l'appa-

(1) *Proceedings*, S. P. R,, vol. VIII, pp. 311-332.

rition d'une dame, soit dans la maison, soit dans le jardin.
La maison, pendant cet intervalle, fut occupée par le ca-
pitaine Morton et sa famille, composée de sa femme,
quatre filles non mariées et deux fils. L'aînée des filles,
âgée de 19 ans en 1882, fut la principale percipiente et la
principale narratrice. C'est une jeune personne aimant
la science et qui a fait ses études de médecine. Elle décrit beaucoup d'occasions où elle vit le fantôme, dans les
corridors, sur les escaliers, dans diverses chambres, dans
le jardin. Celui-ci a été vu également par d'autres membres de la famille, par des visiteurs, par des domestiques,
en tout par au moins vingt personnes différentes. Ce
fantôme semblait être celui d'une ancienne locataire de la
maison, dont la vie et la mort furent accompagnées de
circonstances tragiques. On entendit des bruits de pas
divers, des coups violents et sourds et d'autres bruits.
On vit aussi occasionnellement des « lumières », et on
sentit « un vent froid ». Les paragraphes qui suivent sont
empruntés au rapport de Miss Morton :

Preuves de l'immatérialité (de la forme). 1. — J'ai plusieurs fois fixé de petites cordes en travers de l'escalier
à diverses hauteurs avant d'aller me coucher, mais après
que tout le monde s'était retiré dans sa chambre. Voici
comment je les fixais : je faisais de petits tas de poix marine
où j'introduisais les bouts de ma corde, puis j'appliquais
légèrement l'un de ces bouts au mur l'autre à la rampe ;
la corde traversait ainsi l'escalier. Le moindre contact
les faisait tomber et quelqu'un qui montait ou descendait
les escaliers ne pouvait pas les sentir. D'en bas, à la
lumière d'une bougie on ne pouvait pas les voir. Je les
mettais a diverses hauteurs, à six pouces au-dessus du
sol, comme à la hauteur de la rampe, six pieds. J'ai vu

deux fois au moins le fantôme passer en travers des cordes et les laisser intactes.

2. — La disparition soudaine et complète du fantôme, alors qu'il était encore en pleine vue.

3. — L'impossibilité de toucher le fantôme. Je l'ai souvent suivi dans quelque coin où il disparaissait et j'ai essayé de le saisir tout à coup, mais je n'ai jamais réussi à le toucher ou à en approcher ma main, le fantôme se dérobant.

Il a apparu dans une pièce dont les portes étaient fermées. »

Mlle Morton dit encore : « Le fantôme a un rapport incontestable avec la maison ; personne ne l'a aperçu ailleurs ni n'a eu aucune autre hallucination. »

Six autres comptes rendus, par six autres personnes, sont ajoutés à celui-ci. Le fantôme a été vu plusieurs fois en plein jour. On ne peut croire à une mauvaise plaisanterie de la part des domestiques pour plusieurs raisons ; l'une est qu'ils furent tous changés pendant que ces événements se passèrent. L'article des *Proceedings* est accompagné de trois plans, montrant l'emplacement des pièces où le fantôme a été vu et les diverses directions qu'il prenait. Après avoir visité plusieurs des percipients, M. Myers fit la remarque suivante : « Il faut observer que les phénomènes, tels qu'ils ont été vus ou entendu raconter par les divers témoins, sont de caractère très uniforme même dans les cas nombreux où il n'y a eu aucune communication entre les percipients. » Entre 1887 et 1889, le fantôme fut rarement vu et les bruits les plus violents cessèrent graduellement. Les bruits de pas légers durèrent un peu plus longtemps, puis plus rien ne se produisit. Un grand nombre de cas analogues prouvent la réalité de

faits inexplicables. Mais il n'en est pas offrant des témoignages meilleurs venant d'un aussi grand nombre de personnes. Bref, je crois qu'on peut parfaitement affirmer la
réalité du phénomène et l'impossibilité de l'expliquer par
aucune cause connue.

CHAPITRE VI

PREUVES DE L'EXISTENCE D'INTELLIGENCES AUTRES QUE
CELLES DES « HOMMES VIVANTS » ET DE LA RÉALITÉ D'UNE
INTERCOMMUNICATION.

Nous avons atteint maintenant la dernière branche des
travaux de la Société, celle qui résume l'intérêt suprême
des recherches : y a-t-il d'autres intelligences que celles
que nous voyons autour de nous dans la chair ? S'il y en a,
une intercommunication est-elle possible ?

Il ne serait peut-être pas mauvais d'examiner tout
d'abord un peu cette question au point de vue de l'analogie. Si nous jetons un coup d'œil autour de nous sur la
terre, nous trouvons une variété de vie animale infinie à
nos yeux, à partir des êtres microscopiques jusqu'à
l'homme. Ce n'est pas mon but de rechercher si ces êtres
forment une chaîne ininterrompue ; mais il est évident
que cette vie, le plus souvent, et peut-être toujours, est
accompagnée d'intelligence, de degrés d'intelligence va-
riés à l'infini. Il serait présomptueux d'imaginer, surtout
depuis les développements récents des sciences physiques
et les derniers travaux sur les puissances de l'esprit humain, que l'homme avec ses cinq sens est capable de
percevoir toutes les formes de vie intelligente qui existe
sur cette terre. On peut présumer tout le contraire.

L'analogie rend infiniment probable qu'il y a sur terre beaucoup plus de vies et d'intelligences que nous ne le supposons. Maintenant, si nous regardons plus haut et plus loin, si nous nous souvenons que notre petit globe n'est qu'une unité au milieu d'une myriade d'autres semblables, nous sommes forcés de conclure qu'il est à peu près impossible que la terre soit dans l'Univers le seul séjour de la vie intelligente. Tout cela, cependant, ne fait que nous conduire à la question des questions : Quand un homme meurt, quelque chose de lui survit-il ? L'analogie nous est-elle ici de quelque secours ? Hélas ! non. C'est en vain que nous cherchons dans la nature, telle que nous la connaissons, une indication nous montrant qu'un individu quelconque passe après la mort à un autre mode d'existence. Pour avoir une réponse à cette question, pour trouver des preuves de la continuation de l'existence, il nous faut chercher ailleurs ou étendre largement nos conceptions de la nature. Ainsi le chercheur psychique se trouve en présence d'un double problème : 1º Y a-t-il autour de nous des êtres intelligents de la présence desquels nous ne sommes pas conscients en temps ordinaire ? 2º S'il y en a, qui et que sont-ils ? Y a-t-il parmi eux des hommes ayant passé par ce changement que nous appelons mort et vivant dans un autre milieu ?

C'est une tâche hérissée de mille difficultés et complications que de chercher à savoir jusqu'à quel point les pouvoirs latents et subconscients de l'esprit humain peuvent rendre compte de la masse très grande de phénomènes qui se présentent à nous dans les recherches psychiques. C'est une question de méthode scientifique que de les attribuer à toutes les causes déjà connues, en donnant à celles-ci toute l'extension que la raison autorise, avant d'y voir l'action d'êtres intelligents autres que nous-mêmes. Les publications de la Société contiennent beaucoup d'articles montrant jusqu'à quel degré on peut rendre compte des faits sans en venir à la susdite extrémité. Beaucoup, cependant, parmi les principaux chercheurs de la Société, ont été à la fin acculés à cette conclusion qu'il existe certains faits inexplicables, à moins qu'on n'admette la présence d'autres intelligences, et que certains de ces faits sont une preuve que des hommes et des femmes, ayant vécu parmi nous, continuent à avoir une action après leur mort.

Les étroites limites de ce chapitre me permettront la citation de quatre exemples seulement. Mais ils sont si probants qu'ils ont convaincu beaucoup d'esprits.

1. *Abraham Florentine* (1). — Dans ce cas le médium fut le révérend William Stainton Moses M. A. (Oxon). Celui-ci fut à l'origine membre du conseil de la Société et il occupait une importante situation de professeur. En août 1874, il résidait avec ses amis, le Dr Speer et la femme de celui-ci, à Shanklin, dans l'île de Wight. Tous trois étaient assis autour d'une lourde table. Celle-ci se mit à « basculer » violemment. On reçut, par l'appel de l'alphabet, un message prétendant venir d'Abraham Florentine, mort le 5 du même mois à Brooklyn (New-York). Le communiquant dit en outre avoir pris part à la guerre de 1812 ; les mots « un mois et dix-sept jours » furent ajoutés. Ces mots, comme on le comprit après, se référaient à l'âge du communiquant quand il mourut ; il avait exactement 83 ans 1 mois 17 jours. Les autorités militaires de l'État de New-York interrogées, répondi-

(1) *Proceedings*, S. P. R., vol. XI, pp. 82-85.

rent que Abraham Florentine était un volontaire appartenant au régiment de milice de New-York et qu'il avait en effet servi pendant la guerre en question. Le Dr Eugène Crowell, de Brooklyn, se chargea d'une enquête supplémentaire. Dans une lettre, datée du 15 février 1875, il dit que dans les registres il avait trouvé le nom d'Abraham Florentine. Se rendant à l'adresse indiquée, il rencontra une vieille dame très comme il faut avec laquelle il eut la conversation que voici :

— Est-ce que M. Abraham Florentine demeure ici ? — Il y demeurait, mais il est mort. — Oserais-je vous demander si vous n'êtes pas Mme Florentine, sa veuve ? — Oui, monsieur. — Quand est-il mort ? — Au mois d'août dernier. — Quel jour ? — Le 5. — Quel âge avait-il ? — 83 ans. — Les avait-il dépassés ? — Oui, son dernier anniversaire fut le 8 juin précédent. — Prit-il part à quelque guerre ? — Oui, à celle de 1812. »

William Stainton Moses ajoute ces mots en guise de commentaire :

« Aucun de nous n'avait jamais entendu parler d'Abraham Florentine et aucun de nous n'a d'amis en Amérique ayant pu lui communiquer ces renseignements... J'affirme que tout cela nous était parfaitement inconnu. »

M. Myers, après enquête, trouva les preuves, accompagnant ce fait, suffisantes pour lui permettre de l'inclure dans un de ses articles.

II. *Un des «contrôles» de M*me *Piper* (1). — Les phénomènes présentés par Mme Piper en état de « trance » ont attiré l'attention de beaucoup de personnes. Il n'y a pas d'autre cas auquel on ait consacré autant de temps et de

(1) *Proceedings*, dans les vol. VI, VIII, XIII, XVI.

travail. Quatre rapports soignés ont été publiés par la
Société et occupent plus de 1.300 pages de ses *Procee-*
dings, en outre de divers articles de critique. L'une des
personnalités les plus distinctes et les plus intéressantes de
toutes celles qui prétendent se manifester par l'intermédiaire de Mme Piper est « George Pelham » (nom d'emprunt), qu'on désigne pour plus de brièveté par les initiales G. P. C'était un jeune homme bien élevé qui, en
passant, avait étudié le cas Piper en compagnie du
Dr Hodgson, secrétaire de la branche américaine de la
Société. Il mourut victime d'un accident et, quelques
semaines après sa mort, des communications obtenues
par l'intermédiaire de Mme Piper semblèrent venir de lui.
Dans son rapport le Dr Hodgson consacre quarante pages
à « l'historique des communications de George Pelham » ;
il résume son opinion en ces termes :

« Bref, les communications de G. P. n'ont pas eu lieu
par saccades et d'une manière spasmodique ; elles ont
constamment présenté les caractères d'une personnalité
toujours la même, se manifestant durant plusieurs années,
conservant son individualité et sa mentalité propres, qu'il
y eût ou non des amis de G. P. parmi les assistants. On
m'a rapporté plusieurs cas où G. P. a prêté son concours
à des consultants n'ayant jamais entendu parler de lui ;
de temps en temps, il faisait allusion à des incidents que
G. P. vivant connaissait bien, quoique ignorés de moi ; et
parfois ces allusions semblaient indiquer qu'il avait conscience jusqu'à un certain point de ce qui arrivait dans
notre monde à certaines personnes auxquelles G. P. vivant portait de l'intérêt. »

Plus loin, toujours à propos de G. P. et d'autres communiquants, le Dr Hodgson dit :

« Quelle sera mon opinion future, je l'ignore... Il peut
se faire qu'en continuant mes expériences je change de
manière de voir. Mais pour l'instant, je crois, sans avoir
le moindre doute, que les communiquants dont j'ai parlé
dans les pages précédentes sont bien les personnalités
qu'ils prétendent être : qu'ils ont survécu au changement
que nous appelons mort et qu'ils ont communiqué direc-
tement avec nous, les soi-disant vivants, par l'intermédiaire de l'organisme de Mᵐᵉ Piper entrancée. »

Avant de passer à mon troisième cas, peut-être ferais-
bien de citer quelques mots du dernier rapport sur Mᵐᵉ
Piper, écrit par le professeur J. H. Hyslop, docteur en
philosophie, professeur à l'Université de Columbia (New-
York) :

« Si je ne jugeais le cas que d'après ce que j'en ai vu
moi-même, je ne sais comment je pourrais me dérober à
la conclusion que l'existence d'une « vie future » est absolument démontrée. »

III. — *Un des « contrôles » de Mᵐᵉ Thompson* (1). —
Mᵐᵉ Thompson est une dame de la bourgeoisie londo-
nienne, dont la « médiumnité » ressemble beaucoup à
celle de Mᵐᵉ Piper. Elle est depuis quelques années membre de la Société pour les Recherches psychiques, et a
donné gracieusement nombre de séances à quelques-uns
de ses membres les plus éminents. Il n'a encore paru
qu'une seule suite de rapports. On les trouve dans le volume des *Proceedings* en cours de publication et ils comprennent un article de M. Myers l'un des derniers qu'il
ait écrits. M. Myers dit : « Je crois que la plupart de ces
messages viennent d' « esprits » qui se servent tempo-

(1) *Proceedings*, vol. XVII.

rairement de l'organisme de Mme Thompson pour nous
les donner. » Le cas que je veux citer est décrit par le
D^r van Eeden, de Bussum, Hollande. Un résumé en fut lu
à une séance de la Société, le 10 avril 1901. Faisant allusion à ses visites à Mme Thompson en novembre et décembre 1899, et en juin 1900, le D^r van Eeden dit :

« J'apportai un morceau d'étoffe ayant appartenu à un
jeune homme qui s'était suicidé. Personne au monde
ne savait que je l'avais gardé et que je le portais en Angleterre dans ce but ; et cependant j'obtins une description exacte du jeune homme, de son suicide et même
j'obtins son nom de baptême. »

Le D^r van Eeden passe ensuite à la discussion de l'hypothèse télépathique. Puis il dit :

« Jusqu'à la séance du 7 juin 1900, tous les renseignements passèrent par Nelly, le «contrôle» de Mme Thompson.
Mais ce jour-là, le mort, ainsi qu'il l'avait promis, essaya
de « contrôler » lui-même, si on me permet ce terme
technique. Les preuves devinrent frappantes. Pendant
quelques minutes — quoique pendant quelques minutes
seulement — j'eus absolument la sensation de causer
avec mon ami défunt. Je parlais hollandais et j'obtenais
instantanément des réponses appropriées. L'expression
de joie du visage et des gestes, quand nous nous com-
prenions, était trop vraie pour être jouée. Des mots hollandais tout à fait inattendus furent prononcés, des détails furent donnés qui étaient bien loin de mon esprit,
d'autres que je n'avais jamais connus mais que je pus
vérifier après coup. »

En terminant son article le D^r van Eeden dit :

« Je crois que je puis exprimer ici mon opinion, qui a
été assez flottante pendant longtemps. Je ne m'y risque-

rais pas, si je n'étais préparé à le faire, quelque ardent
que pourrait être le désir qu'on m'en exprimât : car je considère comme le premier devoir du savant et du philosophe de s'abstenir d'affirmations précises en des sujets
incertains. Dans des observations de la nature de celle-
ci, nous devons faire entrer en ligne de compte une
inclination très générale à nier, après réflexion, ce qui,
au premier abord nous semblait absolument sûr. Tout
phénomène ou tout événement sortant par trop de l'ordinaire a besoin de répétitions fréquentes pour être cru.
La première fois l'esprit se refuse à se laisser emporter
par un courant de pensées inaccoutumé et le lendemain
on se dit : « Je me serai trompé ; tel ou tel détail m'a
passé inaperçu ; cela doit s'expliquer tout naturellement. »
Mais aujourd'hui, voilà environ huit mois que j'ai eu ma
dernière séance avec Mme Thompson, à Paris, et quand
je relis mes notes, il m'est impossible de n'être pas convaincu que j'ai été témoin, ne serait-ce que pendant quelques minutes, de la manifestation voulue d'une personne
morte. »

IV. — *Blanche Abercromby* (non d'emprunt).(1) Ce cas
est fort curieux. Un grand nombre de manuscrits ayant
appartenu à M. William Stainton Moses furent remis à
M. Myers par les exécuteurs des dernières volontés de
M. Moses en matière littéraire, MM. C. C. Massey et
Alfred A. Watts. Dans l'un de ces manuscrits, il y avait
quelques pages collées ensemble à la gomme, apparem-
ment par M. Moses lui-même et sur lesquelles était écrit :
Affaires privées. Avec l'autorisation des exécuteurs,
M. Myers ouvrit ces pages avec soin. En décrivant sa

(1) *Proceedings*, vol. XI, pp. 96-99.

découverte, il dit que ce cas « est à certains égards le plus
remarquable de tous (ceux où de soi-disant esprits ont
donné des preuves), grâce à la série de coïncidences qu'il
a fallu pour en établir la véracité. » M. Myers continue :

: « L'esprit en question était une dame que je connaissais et avec laquelle M. Moses s'était rencontré, mais pas
plus d'une fois, je crois... Cette dame mourut un dimanche après-midi, il y a vingt ans, dans une maison de
campagne située à environ 200 milles de Londres. La
nouvelle de sa mort qui était de nature à intéresser le
public fut aussitôt télégraphiée à Londres et parut dans le
Times du lundi. Mais naturellement le dimanche soir
personne à Londres, excepté la presse et peut-être les
membres de la famille les plus proches, ne la connaissait.
Ce soir-là vers minuit une communication se disant venir
de cette dame fut faite à M. Moses, dans son apparte-
ment éloigné au nord de Londres. Quelques jours plu
tard la communiquante essaya d'établir son identité en
écrivant de sa propre écriture. Rien ne permet de supposer que M. Moses ait jamais vu cette écriture. Il semble qu'il n'ait mentionné ces messages à personne et se
soit contenté de coller à la gomme dans son manuscrit
les pages qui les contenaient. »

M. Myers continue :

« Quand le manuscrit me fut remis, il était collé ainsi
que je l'ai dit... J'ouvris les pages et fus surpris de trouver une courte lettre (écrite automatiquement et préten-
duement par Blanche Albercromby); bien que ne conte-
nant rien de bien précis, cette lettre portait toutes les
caractéristiques de la Blanche Albercromby que j'avais
connue. Mais quoique j'eusse été de son vivant en corres-
pondance avec elle, je ne me souvenais pas de son écri-

ture. Il se trouva que je connaissais un fils de cette dame
assez intimement pour solliciter son aide, aide qu'il aurait, je dois le dire, très probablement refusée à un étran-
ger. Il me prêta une lettre pour que je pusse comparer.
La ressemblance sautait aux yeux, mais le A du nom
était fait dans la lettre d'une manière très différente de
celui de l'écriture automatique. Alors le fils me permit
d'étudier une longue série de lettres, dont quelques-unes
étaient presque contemporaines de la mort. Dans ces
lettres je vis que pendant la dernière année de sa vie la
communiquante s'était mise à écrire l'A comme son mari
l'avait toujours fait et comme il l'était dans l'écriture automatique. La ressemblance des écritures nous parut
incontestable au fils et à moi ; mais comme nous dési-
rions l'un et l'autre avoir l'avis d'un homme compé-
tent, je fus autorisé à soumettre le manuscrit et deux
lettres au Dr Hodgson. Celui-ci nous fit connaître en ces
termes le résultat de son examen : « J'ai comparé l'écriture numérotée 123, dans le carnet de M. Stainton Moses,
avec les lettres datées janvier, 4, 18... et septembre 19,
18... écrites par Mme B. A. L'écriture du carnet offre
beaucoup de ressemblances de détail avec celle des lettres, mais il y a aussi beaucoup de différences de détail
dans la formation de quelques lettres, à juger tout au
moins d'après les lettres qu'on a soumises à mon examen ;
mais les ressemblances sont plus caractéristiques que les
différences. En outre, il y a beaucoup de particularités
frappantes communes à l'écriture des lettres et à celle du
carnet ; ces particularités semblent avoir été exagérées
intentionnellement dans cette dernière. L'écriture du carnet suggère l'idée que son auteur s'essayait à reproduire
l'écriture de Mme B. A. en s'en rappelant de mémoire

les principales particularités et non en copiant un modèle. La signature du carnet est spécialement caractéristique à ce point de vue. Cela ne fait pas l'ombre d'un doute pour moi que l'auteur de l'écriture du carnet essayait de reproduire l'écriture de Mme B. A. — Richard Hodgson, 5, Boylston place, Boston (U. S. A.), 4 septembre, 1893. »

Le message du carnet a un post-scriptum ainsi conçu :

« J'ai reproduit mon écriture pour vous donner une preuve. »

M. Myers ajoute cette remarque :

« La suite de coïncidences qui me permit de vérifier ce cas est beaucoup plus complexe que je n'ai pu le dire. Cette dame, de son vivant tout à fait opposée à ces recherches, était morte depuis vingt ans, quand sa lettre posthume fut découverte dans le manuscrit de M. Stainton Moses par l'une des trois rares personnes qui l'avaient suffisamment connue pour saisir aussitôt les traits caractéristiques du message, et s'intéressant suffisamment à ces questions d'identité des « esprits » pour faire comparer cette lettre posthume avec d'autres, écrites avant la mort. »

CHAPITRE VII

CONCLUSIONS

Il est un sujet que j'ai omis dans la classification des travaux de la Société et qu'on ne peut pas, néanmoins, passer sous silence : c'est la prétendue « baguette divinatoire ». Ce sujet occupe une position unique. Les avis furent très partagés au sein de la Société sur le point de savoir s'il convenait qu'on s'en occupât. Quant à moi, il est bien évident que ce sujet était de ceux que la société devait examiner. Il appartient certainement « aux branches de la recherche qui n'ont pas encore suffisamment attiré l'attention du monde scientifique et littéraire ». Au reste, l'intérêt psychologique et pratique qu'il présente est considérable. En 1884, un membre de la Société, M. E. Vaughan Jenkins, lui présenta une collection précieuse de faits récents et probants. Une enquête supplémentaire, entreprise par M. Edward R. Pease, montra qu'il y avait vraiment là un sujet digne d'une étude approfondie. (1) C'est pourquoi, en 1891, le Conseil de la Société le considéra comme assez important pour prier le professeur W. F. Barrett, membre de la Société royale, de le soumettre à une étude, expérimentale et scientifique, sérieuse. C'était là une tâche ennuyeuse et pénible. Deux volumineux rapports publiés dans les *Proceedings* de la Société (2)

(1) *Proceedings*, vol. II, pp. 79-107.
(2) *Proceedings*, vol. XIII, et vol. XV.

furent le résultat des efforts infatigables du professeur Barrett. Il travailla pendant plusieurs années. Bien que les recherches du professeur Barrett aient mis le sujet de nouveau en lumière et bien qu'elles aient fourni une grande masse de preuves passées au crible, le sujet n'est pas épuisé et l'explication définitive des résultats remarquables, obtenus dans bien des cas par la baguette, reste à trouver.

Pour résumer le travail fait par la Société pour les recherches psychiques pendant les vingt premières années de son existence, on peut dire qu'elle a fait la preuve :

1º Qu'il existe d'autres voies que les cinq sens, par lesquelles la connaissance peut arriver à l'esprit humain ; en d'autres termes, que la télépathie est un fait ;

2º Qu'un esprit humain peut agir sur d'autres esprits humains par des moyens non reconnus par la science jusqu'à ce jour ; en d'autres termes, que les effets de la suggestion, de l'hypnotisme, de la psychothérapie représentent des groupes de phénomènes réels ;

3º Qu'il existe dans l'homme un domaine inconnu de facultés latentes, dénommé provisoirement le « moi subliminal » ;

4º Que beaucoup d'histoires de hantise et d'apparitions diverses ont une base réelle ;

5º Que, dans les recherches psychiques, le chercheur rencontre des intelligences autres que celles des hommes incarnés. Et il y a des preuves — quoiqu'en petit nombre encore — que la vie individuelle continue après la mort et qu'une communication est possible entre ceux qui sont dans l'au-delà et nous.

Je crois que le choix restreint de preuves présentées dans les cinq chapitres qui précèdent, suffit à établir ces

cinq propositions. Même celles qui sont contenues dans
le chapitre IV ne peuvent pas être rejetées. Celui qui le
ferait devrait être prêt à refuser toute valeur à tout témoignage humain, quel qu'il soit, et il en viendrait forcément
à révoquer en doute la réalité de tout phénomène exté-
rieur. Dans tous les départements de la connaissance
explorés par la Société, la masse des preuves accumulées
est énorme et il ne faudrait pas juger de leur quantité
d'après les quelques exemples que j'ai pu citer, quelquefois en les résumant. Ne prenez que le cas de Mme Claughton. Si on le lit dans les *Proceedings* en son entier, on verra
qu'il présente tous les aspects des phénomènes psychiques
et que la qualité des preuves fournies ne laisse rien à
désirer.

Il ne faut jamais oublier que la Société n'a pas de conclusions collectives. Dans les diverses branches de ses
recherches, les vues les plus opposées ont été professées
par ses divers membres. Il en sera probablement toujours
de même. Sur la première page des *Proceedings*, il est spécifié que les « auteurs conservent l'entière responsabilité
des faits et des raisonnements qu'ils présentent ».

N'oublions jamais que les preuves positives et les
preuves négatives, — si on me permet ces expressions,
— n'ont pas la même valeur. L'Irlandais qui amena vingt
personnes témoigner qu'elles ne l'avaient pas vu voler
les pommes de terre ne détruisit pas le témoignage de la
seule personne qui affirmait l'avoir vu les voler. N'avoir
pas vu personnellement de phénomènes, avoir réussi à
expliquer par les causes déjà connues les phénomènes
rapportés, tout cela ne vaut rien contre une seule preuve
positive.

Voici, à ce propos, quelques paragraphes très suggestifs de M. F. C. S. Schiller, d'Oxford, qu'on peut lire dans le volume des *Proceedings* en cours de publication et faisant partie d'un compte-rendu du livre du professeur Flournoy, de Genève. M. Schiller dit :

« J'aime mieux n'adopter aucune des explications proposées, et croire que la vérité, une fois connue, sera autrement belle et compliquée que tous les théoriciens ne l'avaient supposé. Le fait est que les spirites semblent ignorer totalement les ressources que la philosophie et la psychologie moderne mettent à leur disposition pour la défense de la thèse qui leur est chère, et que le sol, sur lequel les matérialistes, leurs adversaires, bâtissent, est miné. Le matérialisme a pour lui notre personnel académique actuel, les raisonnements habituels du bon sens et l'inertie qui nous empêche de traduire nos spéculations en expérimentations. Mais tout cela peut changer, si on arrive à éveiller dans la masse un intense besoin de savoir ce qu'il en est en ces matières. Mais quand la théorie des spirites est défendue par quelqu'un qui sait vraiment ce qu'il en est... il s'aperçoit qu'il est aussi puéril de prétendre que « l'autre monde » peut avoir une relation quelconque avec notre espace, qu'il était puéril chez les anciens de croire qu'en descendant par le cratère de l'Averne on arrivait droit dans le Hadès, ou qu'en naviguant à l'ouest au-delà des Colonnes d'Hercule, on arrivait aux « Iles Bienheureuses ».

« La relation entre les deux mondes ne peut être que psychologique. « L'autre monde » n'est ni au nord, ni à l'est, ni au sud de celui-ci. C'est un autre état de conscience où nous passons, et d'où nous repassons peut-être.

Les relations entre les deux doivent être analogues à celles du « rêve » avec ce que nous prenons pour la réalité ; mais, naturellement, nous ne cherchons pas à déterminer où est la réalité. »

Si, dans ces pages, j'ai réussi à montrer tout l'intérêt des recherches psychiques, et à amener quelques lecteurs à prendre connaissance des travaux de la Société, travaux que je considère comme le plus grand honneur de ma vie d'avoir partagés, je me tiendrai pour satisfait. Les *Proceedings* de la Société sont publiées par R. Brimley Johnson, 8, York Buildings, Adelphi, Londres, W. C. Tous les renseignements qu'on peut désirer sont fournis par le secrétaire, 20, Hanover Square, Londres, W.

Les vers suivants, de Tennyson, ont été cités par sir Oliver Lodge, dans son discours présidentiel de 1902. On pourrait les intituler :

LE PASSÉ — LE PRÉSENT — L'AVENIR

De l'abîme, mon enfant, de l'abîme du monde réel, nous regardons dans le monde où ne se trouve que le rivage de notre monde.

L'Esprit qui est en l'Homme et l'Esprit qui jadis fut un Homme et ne peut se désintéresser entièrement de l'Homme, s'appellent à travers la plus étrange aurore qui ait jamais illuminé la Terre. Le voile se déchire, et les voix du jour s'entendent au milieu des voix de la nuit.

Et nous, la race mortelle de cette pauvre terre, qui

habitons un rivage fantômal, bien que n'étant pas des fantômes, nous attendons d'avoir le sens plus haut et plus vaste qui fera disparaître l'Illusion de ces murs, et nous montrera que l'Univers est beau dans son entier.

TABLE DES MATIÈRES

PUBLICATIONS PÉRIODIQUES SÉRIEUSES DES RECHERCHES PSYCHIQUES

On s'abonne chez L. BODIN, libraire-éditeur

5, RUE CHRISTINE, PARIS, VI°

I. Annales des Sciences psychiques, recueil d'observations et d'expériences, paraissant tous les deux mois, directeur D' **Daviex**. Abonnement pour tous pays, **12 francs**.

II. Les Nouveaux Horizons de la Science et de la Pensée, revue mensuelle d'avant-garde scientifique et philosophique, 9° année, directeur, **E. Jollivet-Castelot**. Abonnements : France, un an, **5 francs** ; Etranger, un an, **6 francs**.

Cette revue est un organe d'avant-garde ayant pour but de lutter audacieusement contre le conservatisme étroit des facultés et des académies, tout en restant dans la voie positive et scientifique la plus rigoureuse.

La science n'est pas faite et ne sera jamais achevée. Elle se constitue sans cesse, elle s'élargit chaque jour, elle évolue et se transforme en un devenir perpétuel. Les découvertes récentes bouleversent le dogmatisme des systèmes et des théories. Des expériences nouvelles, poursuivies de toutes parts, laissent entrevoir à l'Homme des « nouveaux horizons » de la Pensée et de la Conscience. Appliquant les méthodes conquises de recherche positive et d'esprit critique, aux problèmes du Psychisme, de la Survie, de la constitution intime de la Matière vivante et de l'Atome, la Revue « **Les Nouveaux Horizons de la Science et de la Pensée** » est certes la plus intéressante et la plus scientifique de toutes celles qui s'occupent de ces grandes questions.

Elle compte parmi ses collaborateurs les plus éminentes personnalités qui s'illustrèrent dans les Recherches psychiques, entre autres : M. Sage, l'auteur de ces livres si remarquables : la *Zône-Frontière*, *Mme Piper*, le *Sommeil et l'Hypnose*, Edouard d'Hooghe, Jules Delassus, etc.

M' Jollivet Castelot s'y occupe de l'Unité de la Matière, des faits chimiques et physiques concernant la Philosophie de la Nature.

Absolument indépendante, la revue n'a d'autre objectif que de poursuivre et de proclamer la Vérité, sans se soucier des écoles, ni des partis. Elle n'est point l'organe d'une secte, elle n'est point une de ces nombreuses revues d'imagination qui jettent dans le public des idées fausses ou préconçues. Elle est un organe de science, de raison et de contrôle, aussi éloigné de l'affirmation téméraire que de la négation systématique.

Il ne peut y avoir d'œuvre durable, solide, aujourd'hui, en dehors de la méthode scientifique, c'est-à-dire expérimentale. Mais on ne doit pas oublier que la Science est vaste comme le Cosmos. Rien ne limite son essor sans fin, et l'Humanité pressent à peine encore les Horizons immenses qui lui sont dévolus.

Scruter la nature des Choses, analyser sévèrement les phénomènes de la Vie et de la Zône-Frontière, fouiller la Connaissance du Passé, pressentir la Synthèse de Demain, étudier le Mécanisme et l'Evolution du monde anatomique, tel est le programme de la revue essentiellement moderne :

Les Nouveaux Horizons de la Science et de la Pensée.

IMPRIMERIE F. DEVERDUN, BUZANÇAIS (INDRE)

Lucien BODIN, libraire, 5, rue Christine, Paris (6ᵉ Arr.)

REVEL (L.). **Les Mystiques devant la science**, ou essai sur le mysticisme universel. Un vol. in-12 broché. 2 fr.

Investigations scientifiques dans le mysticisme. Les mystiques devant les philosophes modernes, les philosophes éclectiques et les théologiens. Relations entre le mysticisme catholique, l'École d'Alexandrie et la tradition ésotérique de l'antiquité. Mysticisme musulman et hindou. Fond permanent des croyances mystiques. Unité, la Réincarnation, la Déification, la morale mystique. Débris de la tradition. Mystères gnostiques. Mystères des Bardes gallois. Credo ésotérique, etc.

SELVA (H.). **La Théorie des déterminations astrologiques de Morin de Villefranche**, conduisant à une méthode rationnelle pour l'interprétation du thème astrologique. Un beau vol in-8° carré (*portraits et 6 figures*). 6 fr.

Cet ouvrage est la reproduction de la partie capitale de l'*Astrologia Gallica*, œuvre monumentale que nous a laissé le seul grand des astrologues, Morin de Villefranche. Il est destiné à justifier et à expliquer l'*Astrologie* par la science positive, en discutant à fond les forces qui y sont en jeu et leur mécanisme sur les trois plans élémentaire, animique et psychique.

ENGEL (L.). **La Vallée des Bienheureux** ou **Le Sentier de la Vérité**. Traduit de l'allemand par Gaston Revel. Un vol. in-12 broché, couv. 1 fr.

Petit livre recommandé à tous ceux qui sont avides de progrès et recherchent la Vérité. Toutes les brûlantes questions de notre époque y sont exposées et critiquées par une sorte d'*Initié* qui a vu les *Maîtres de Sagesse*; il vient apporter au monde une philosophie antique et lumineuse en indiquant, dans un récit des plus suggestifs et des plus instructifs, le *Sentier* que chacun peut suivre pour devenir un véritable occultiste et un habitant de la *Vallée des Bienheureux*.

R. A. M. **Résumé de la Philosophie naturelle**. Un vol. in-12 (*tableaux et figures*). 1 fr.

La base de la connaissance. Définition des substances. Résumé symbolique. La recherche du bonheur. Les 4 classes de l'amour. Tableau des sentiments. Accroissement de la volonté. La voie de la sagesse. L'Escalier occulte. Constitution de l'homme. La grandeur de l'esprit humain. La prière, etc.

JHOUNEY (A.). **Le Royaume de Dieu**. (Prière et symbole messianiques. Les nombres. La science du Christ. Le mystère de la volonté de Dieu. Le grand arcane, etc.) Un vol. gr. in-8. 5 fr.

Ce volume contient, enclose toute la substance théologique et dogmatique de la *Kabbale* basée sur le *Zohar*, dont il est la clef absolue. Il est conçu et exécuté sur le patron métaphysique du système de l'Émancipation, contre lequel s'appuie tout l'échafaudage de la *Kabbalah*.

OLIPHANT (Laur.) **Sympneumata** ou **la Nouvelle force vitale**. Philosophie de la mort. La descente divine. Le contact émotionnel avec la divinité. Forces occultes. Traditions égyptiennes et talmudiques. La Kabbale. Séparation des sexes. Phénomènes occultes. L'homme caché. Le Christ, etc. Un vol. in-12. 3 fr.

L'auteur retrace l'histoire de notre chute et de notre réhabilitation future à travers les périls sans nombre qui accompagnent notre évolution. Il y a dans ce livre de fort beaux aperçus sur des questions les plus abstraites et où les philosophes et les savants trouveront de grandes idées.

ROCHAS (A. de). **Les forces non définies**, recherches historiques et expérimentales. Un vol. in-8, figures 50 fr.

Ouvrage fort rare, ayant disparu du commerce, où l'auteur expose des théories fort avancées et qui firent sensation dans le monde savant. Il fut immédiatement épuisé dès son apparition.

ROCHAS (de). **Les Parias de France et d'Espagne**. (*Cagots et Bohémiens*.) Cagots et lépreux. Origines, caractères et traditions des Bohémiens. Vocabulaire et langage gitano-tsigane. Un vol in-8. 4 fr.

Curieux ouvrage sur les races maudites et mystérieuses.

Catalogue de livres rares et curieux relatifs aux *Sciences philosophiques*, aux *Religions comparées*, au *Psychisme*, etc. Franco sur demande.

www.ingramcontent.com/pod-product-compliance
Lightning Source LLC
Chambersburg PA
CBHW052047270326
41931CB00012B/2660